元ティファニーのVIP担当が教える

超一流 ハイエンドに選ばれる 魔法のルール

高野睦子
Takano Atsuko

飛鳥新社

はじめに

「ダイヤモンドは永遠の輝き」とうたうコピーのCMがあったことを覚えていらっしゃるでしょうか。とても印象的な言葉ですが、本当にダイヤモンドは永遠に輝きを保ちます。

アクセサリーとして身につけていると、表面が少し曇ったように見えることもありますが、それはダイヤモンドの輝きが失われたのではなく、皮脂などで汚れてしまっているだけです。お手入れをすることで必ず元に戻ります。

ダイヤモンドの輝きそのものは、永久に失われることがありません。変色もせず、その美しさはずっと保たれるのです。

不思議なことにダイヤモンドには強い個性があり、その石によって最適なカットのしかたが異なります。見た目は同じような石であるはずなのに、実は内側に秘めているものが石ごとに大きく違うのです。そのために、タイプに合わせて加工をする必要があり、結果的に輝き方がまったく変わってくるのです。

これは私たち女性にも通じることだと思いませんか？

あなたは、どのような輝き方をしたいと願いますか？

まばゆい輝きのプリンセスカット？
それとも神秘的で上品なエメラルドカット？
正統派なラウンドブリリアントカット？

私はこの本で、ダイヤモンドのような女性になるためのエッセンスをお伝えしていきたいと思います。それは、個性を大切にしながら自分の価値を常に高める生き方です。

- 素敵な自分をいつまでも求めること
- 自分を丁寧に大切に扱うこと
- 自分の価値を高め、超一流を目指すこと
- 自分は「ダイヤモンドである」ということに気づくこと
- 無色透明な自分、いつも自分の心に正直であること……

私は京都で生まれ育ち、ＣＡ《キャビンアテンダント》に憧れて大学卒業後は日本航空株式会社（ＪＡＬ）へ入社しました。客室乗務員として飛行機に乗務し、立ち居ふるまいやマナー、ホスピタリティマインド、サービスマインドを学び、徹底的に身につけました。

その後転職し、ＴＩＦＦＡＮＹに入社。百貨店内店舗での外商担当に指名された後、日本に数名しかいないハイエンド（富裕層）顧客専任担当者として、多くのＶＩＰと親交を深めてきました。

２０１５年にはＴＩＦＦＡＮＹの日本代表に選出され、全世界社員９０００人の中から30人だけに贈られるＣＬＴ（チャールズ・ルイス・ティファニー）賞を、ニューヨークにて受賞しました。

現在では独立し「ＨＥＣ ハイエンドコミュニケーション」代表として、これまで超一流ハイエンドとのおつきあいで学んできたことをもとに、人材育成事業と女性を輝かせるためのコミュニケーション術をお伝えしています。

周りにファンをつくりながら、夢を実現させる〝本物のハイエンドコミュニケーション術〟は、ありふれたマナー本には載っていない、美しいふるまいができる女性として磨きをかけるためにぜひ取りいれていただきたい技術です。

仕事のうえでハイエンドと関わる必要がある方はもちろん、本書でお伝えする内容をマナーとして身につけておけば、どこに行っても恥ずかしさを感じることなくふるまうことができます。

恋愛におけるシーンでも、品のよさがあることで、相手に与える印象を一瞬で変えることが可能になります。基本的な所作が身についていれば、恋人のご両親や友人を紹介された際にも、自信を持ってご挨拶ができるはずです。

本書では、私が超一流の方々とのコミュニケーションを通じて身につけた、さまざまな流儀をご紹介しています。流行のモノやメイクなどに頼って自分をよく見せるのではなく、「あなただから一緒にいたい」「あなたから買いたい」と思ってもらえるよう、本質を向上させて、超一流から選ばれる人になりましょう。

高野睦子

Lesson2

超一流ハイエンドをもっとよく知るために……87

Lesson3

品格のある愛される女性になるために……143

凛とした自分をつくる

美意識・健康意識を高める

本物を知る

選ばれたハイエンドのためだけのめくるめく世界

２０１４年、とある日のニューヨーク。

私はＴＩＦＦＡＮＹのハイエンド（富裕層・特別なお客様）対応専任スタッフとして、「ブルーブックコレクション」のパーティー会場に入りました。このセレモニーでは、その年の新しいジュエリーコレクションが世界で一番早く、最高峰のランクまで揃えて紹介されます。

会場の、まさに豪華絢爛なしつらえはこの日のためだけに整えられたもの。ハリウッドのセレブたちや、ニューヨークタイムズをはじめとするメディアも招待される、大規模なパーティーです。

年に一度だけ開かれるこの特別なセレモニーは、世界各国にあるＴＩＦＦＡＮＹのお得意様のなかでも、さらに特別なお客様しか立ち入ることができません。基本的に一般ゲストの目に触れることはない、選ばれたゲストのためだけの完全にクローズドな空間なのです。

世界中にファンを持つＴＩＦＦＡＮＹですが、このときばかりは合計でも数十名ほど、ブランド側が本当に大切にしたいと考えるお客様をお招きしていました。

もちろんスタッフに関しても、全世界から選りすぐったメンバーだけが集められています。この時に参加していた日本チームのスタッフも、わずか数名の少数精鋭でした。

この場所に関係者として立つことは本当に難しく名誉なことで、ＴＩＦＦＡＮＹがこんなパーティーを開いていることを知らないスタッフさえいます。私は日本ではなかなかご紹介できない商品をご購入いただくために、あるお客様をアテンドし、このＮＹの地を訪れていました。


普段のお買い物であれば、ブランドはその世界観を伝えるためにも、店舗のディスプレイなどをはじめ、お客様がいらっしゃる場の空間をつくりあげることに心を砕きます。けれども、このようなハイエンドのみに向けたイベントでは、日本を発つ前からその方だけの特別なおもてなしをご用意し、カスタマイズされた特別なサービスがはじまります。

その理由として、ジュエリーを買われるお客様は、その商品を手に入れることだけが目的ではないからです。長年自分を担当する、気づかいが行きとどいたスタッフとの信頼関係や、そのジュエリーにまつわる「物語」を気に入ってくださるからこそ、高価なお買い物をされることをブランド側もよく理解しています。

価格のみの価値でご購入されるならば、私たちは海外の店舗にはかないません。だからこそ、顧客としてあえて日本の店舗にお越しくださる方を最大限大切にし、心からおもてなしをするのです。

このときには、〝お金では買えない経験〟〝まるで夢のような、今まで経験されたことのないような体験〟をしていただくためにTIFFANYからの招待状、スーツケース（ラゲージ）にお付けいただくティファニーブルーの名入れをしたレザー製のネームタグをお届けしました。ご招待する時から夢のような世界は始まるのです。

現地でのパーティーにご出席いただくためのドレスのご提案も念入りに行います。さらに、到着されると成田のJALの出発カウンターはティファニーカラーでハイジャックされています。

フルフラットシートでの13時間のフライト後、JFK空港からハイヤーでマンハッタンの格式高いホテルに向かいます。

ホテルでのエステで疲れを癒やしていただいた後は、パーティーにご出席いただくためにTIFFANYが用意した専属のヘアメイクアップアーティストがお客様のスィートルームに出向き、ヘアメイクを施します。日本流のメイクアップとは違い、現地の一流アーティストによるメイクで一瞬にしてNYの女優のように変身されるのです。

到着したその日は、ウエルカムパーティーとしてハドソンリバーのクルージングパーティが行われます。この日のドレスコードはブラックタイ。マンハッタンの夜景をバックに生演奏を聴きながらシャンパングラスを傾けます。

また、別の日はエントランスでフラッシュライトを浴びて登場するハリウッドスターが同席する、グッゲンハイム美術館を貸し切りにしたパーティーが行われました。

それぞれのスタッフが自分のお客様のために精一杯、最高のおもてなしを考えオンリーワンのスケジュールをつくるのです。他にはない、これ以上ないほどの体験をしていただくべく一流のスタッフたちとシチュエーションを揃えました。

ある日の朝は、映画「ティファニーで朝食を」の舞台、5番街のTIFFANY本店2階フロアをクローズして、まさに「ティファニーで朝食を」楽しんでいただきます。

きらびやかなジュエリー、そして映画の世界のように美しくセッティングされたテーブル、NYの朝の光が窓から差し込むなかでお料理がビュッフェスタイルで用意されているのです。この空間こそが付加価値です。

そして私たちがお客様をお連れすると、NYのエグゼクティブをはじめTOPたちが入り口で「ウエルカム、TIFFANY！」と迎え入れます。あの映画のように、時間をかけてゆっくりと朝食を召しあがっていただきました。

そして商談の日は一般人が立ち入ることのできない5階フロアにて、まるで美術館にいるような美しい空間で特別なジュエリーをご紹介します。資産価値のあるカラーダイヤモンドをはじめ、ため息の出るような美しいジュエリーなど、一点ものばかり用意されているのです。これだけのものは見たくても特別な方しかご覧いただくことはできません。

私は事前にお客様との会話のなかでどのようなお品をご用意するかというお話をしており、100％以上の準備は行っていたのですが、この時ばかりは世界中から各国のTOP

のお客様方が来られているので、その特別なお品がどのお客様のもとで商談されてしまうかわからず、本当にドキドキしてしまうものでした。

お客様が選ばれたのは、ご予定以上の最高級のダイヤモンドリングでした。その時の奥様とご主人様の満ち足りた幸せそうな笑顔は、TIFFANYから独立した今でも私にとって宝物のような大切な思い出です。

全世界9000人の従業員から30名にのみ贈られるCLT賞

みなさんはTIFFANYの名前を聞くと、どのようなイメージを思い浮かべますか？

女性であれば、ティファニーブルーの箱に真っ白のリボンがかけられたジュエリーボックスや、プロポーズの代名詞であるティファニーセッティングのダイヤモンドリングを想像される方が多いかもしれません。

TIFFANYは幅ひろい価格帯の商品を揃えるブランドながら、キング・オブ・ダイヤモンドと呼ばれる品のよさが魅力です。18歳で購入したペアリングから、やがて婚約指輪や結婚指輪までも同じお店で揃えたくなるようなブランドは、世界中でもあまりないのではないでしょうか。

米国の歴代大統領のリンカーン、ルーズベルト、アイゼンハワー、そして最近ではオバマ前大統領やそれぞれのファーストレディたちからも選ばれ愛されてきたブランドです。

さらにTIFFANYは映画においても、女性が憧れるジュエリーブランドの代表として描かれています。「ティファニーで朝食を」でオードリー・ヘプバーンが、今では伝説的となったオープニングシーンにおいて、ニューヨーク5番街にある店舗のウインドウを眺めながら朝食をとりました。映画のプロモーション撮影でオードリー・ヘプバーンが身につけていた美しいイエローのダイヤモンドは「ティファニーダイヤモンド」と呼ばれる世界最大級の128・54カラットもある非常に美しい価値のあるダイヤモンドで、現在は5番街のNY本店1階フロアに展示されています。NYへ行かれた際には、ぜひご覧になってください。息をのむほどの輝きを放つこのダイヤモンドは、TIFFANYの卓越した伝統と熟練のクラフトマンシップを象徴するものであり、高貴なイエローダイヤモンドデザインの根幹となっています。

TIFFANY社には、創業者であるチャールズ・ルイス・ティファニーの名前を取った最高峰の賞が存在しています。それがCLT（チャールズ・ルイス・ティファニー）賞です。私は２０１５年に日本代表として選出され、NYの審査に通り全世界９０００人のうちたった30人のみに贈られるCLT賞をNYで受賞しました。

私の場合はブルーブックパーティーでの商談を成功させたこと、ハイエンド担当として新規顧客開拓や、お取引先との信頼関係の構築、複数の成果を上げたことが評価されました。

１９０６年に発行されたニューヨークサン紙にはこう綴られています。

「ティファニーには、どれだけお金を積まれても決して売らないものがひとつある。……ただし、顧客には無料で提供されている。それは、ティファニーの名が冠された箱である。責任を持って製造された製品が中に納められていない限り、その箱をお店から持ち出してはならないという創業以来の厳しいルールが、貫かれているからなのだ」

ティファニーブルーボックスを街角で見かけたり、手にしたりする時に感じる胸の高鳴り。それはエレガンスや独自性、完璧なクラフトマンシップというTIFFANYの素晴らしい伝統を象徴しているのです。

私たちは美しいジュエリーとともに、ＴＩＦＦＡＮＹだからできる心づかいを包み、お客様へお渡ししてきました。ＴＩＦＦＡＮＹ社員として誇りを持つために、厳しい教育も受けてきています。もちろんＣＬＴ賞もそれらの教えを守ってきたからこそ、いただけたのだと思っています。

これまで私がＴＩＦＦＡＮＹやその前に在籍していたＪＡＬで学んできた、自分を磨き、望んだままに選ばれる技術は、今の時代を生きる女性を輝かしいダイヤモンドに変えることができるものだと確信しています。これから、みなさんにそのエッセンスをお伝えしていきたいと思います。

1年後、あなたはどんな女性になっていたいですか？

憧れの女性やロールモデルがあると、ビジネスの場でも人間性の面でも成長しやすいといわれています。「ロールモデル」とは、お手本となる人物のことです。真似をしたくなる行動をしている人や、尊敬できる実績、自分ではたどり着けなかった考え方を持つ人のことを指します。

私たちは無意識のうちに、おおよその目標やロールモデルを設定していると考えられています。身近にいる女性やビジネス書で読んだ内容をもとに、身につけやすい方法から自然と真似をして、エッセンスとして少しずつ影響を受けているのです。

ペースは違えども、尊敬する女性が身近にいたり定期的にビジネス書を読んだりする習慣がある人は、確実に成長していけるでしょう。けれども、明確な道しるべがあると目的の場所まで歩きやすくなるように、意識をしてロールモデルを見つけることや自分がなりたい女性像を設定することで、成長スピードは格段に速くなります。

この時に意識をする相手は、ひとりでなくて構いません。周りにいる人や本を読んで素敵な印象を受けた実例から少しずつエッセンスを抜き出し、自分もこうなりたいと思える自分だけの理想像をつくりましょう。

日頃のふるまいや話し方、ファッション、笑顔のつくり方まで、すべてが完璧に自分好みの人はそういないものです。一部でも憧れる部分があったなら、かけあわせてしまえばいいのです。

最初は「あの人だったらどうするだろう」と、真似をしてふるまってみます。ぎこちなく真似をするだけだった動きが、次第に慣れて自分の動きそのものになってくるはずです。あなたのイメージした理想像は、毎日どのようにふるまっていますか？　その姿に自分を重ねあわせていくと、自分のあるべき姿がわかってきます。成長した先にいる未来のあなたは、どんな服を着ていますか？　どんな話し方をしているでしょうか？　悩みがあった時には、何を基準に選択をしていると思いますか？　それらを今の自分が先取りして、服装や言葉づかいなど外側から変えていきます。

もしも「こうなりたい」というロールモデルが身近にないのであれば、自分で理想像をつくってしまいましょう。1年後になっていたい姿が、あなただけのロールモデルです。

この時にイメージしてほしいのは環境だけではなく、自分が「どうありたいか」です。役職名ではなく、そのポストについている自分自身の様子をイメージしてみてください。

1年後のあなたは、どのような人たちに囲まれているでしょうか？　その人たちは、あなたのどんなところが気に入って一緒にいるのだと思いますか？

この質問に対して言葉にできた長所は、きっと今のあなたの長所でもあるはずです。これから1年間をかけて、じっくりと理想の姿まで育てていきましょう。

未来を決めるのは、いつだって自分

自分の未来を決めることができるのは、いつだって自分だけです。会社勤めをしている人であれば、毎日決まった時間に出社し、ただ目的もないまま働いている。そんな毎日の繰り返しと思うかもしれません。

でも、本当にそうでしょうか？　会社にいることを決めているのも自分ですし、〝今のまま会社にいたら変わらない〟と決めつけてしまっているのもまた自分自身です。

私のセミナーに来られる女性たちからも、「変わりたいとは思っているけれど、どんなきっかけがあれば変われるのかわからない」との相談を、よく受けます。変わりたいはずなのに、きっかけがないと踏み出せない。矛盾しているようにも感じますが、実は私自身も経験してきたことなので気持ちがよくわかります。

この時に感じているのは、「自分が何に不安を感じているのか、わからない」「現状に不満があるけれど、具体的にそれが何かはわからない」といったモヤモヤした気持ちがほとんどです。そのような時には大きな変化がひとつあれば、あるいは、ひとつでも成果が手に入れば人生が変わってすべてうまくいくと思いこんでしまいやすくなります。

私もJALに勤めていたころ、仕事や人間関係がうまくいかずに会社を辞めてしまいたいと思ったことがありました。結婚してしまえば、会社を円満退社できて悩みの種だった人づきあいから解放される、それをきっかけに新しいスタートが切れると思ったのです。婚活を逃げにしてしまっている20代後半~30歳前後の女性は多いと思います。でも、そうした一方的な期待を持った恋は、やはりうまくいきません。

環境の力を借りて自分を変えるのは素晴らしいチャレンジですし、実際、人生を好転させる時、環境の力は大きく働きます。しかし、思い通りにならないことを環境のせいにしてはいけません。会社を辞めればすべてが変わる、人間関係が変われば、結婚してしまえば変わるだろう……それは合っているようで違うのです。こうした方法で転機をはかろうとすると、行き詰まるたびに何もかもを壊さなければいけなくなってしまいます。

変わるために必要なのは、決意と覚悟だけ

本当に変わりたいと思った時に必要なのは、自分の決意とこれからはじめる行動だけです。そして、一度決めたことに責任を持つこと。人の脳は変化を嫌うので、これがあったら（資格があったら、時間があったらｅｔｃ）できるなどと、つい条件をつけたくなりますが、そこで流されてしまう人は条件が整ったとしても、さらなる条件を要求して動き出すことはできません。

今の環境からただ抜け出したいから、変わりたいと思っているのか、それとも、未来を自分の力でつくっていきたいのか。判断基準は、自分を主役に考えられるかどうかです。

この時に、謙虚さはいりません。**「私なんて……」というフレーズは、これからは絶対に使わないでください。**

これからの一歩を踏み出すために必要なのは、決意と行動、そしてこれからの人生は自分が主役として生きていく覚悟だけです。

なぜダイヤモンドは多くの人に愛されるのか

私がＴＩＦＦＡＮＹに勤務していたとき、ほとんどのお客様が、手にされたダイヤモンドの輝きに一瞬言葉を失っていらっしゃいました。

とくに女性はダイヤモンドの輝きを目にすると自然に笑顔になり、うっとりとされるのですが、これこそがダイヤモンドが持つパワーです。たった一粒の小さな石が、その方の内に秘められた美しさを引き出す力を持っています。

ダイヤモンドは地球上でもっとも硬い、炭素が結晶化した天然の鉱物です。地下の奥深くで何十億年もかけ、温度や圧力といった偶然の重なりによって原石が生まれます。そして、火山活動でマグマが地表に吹き出すことなどを原因として、私たちの目に触れる地表に現れてくるのです。

地表に現れることで原石の採掘が可能になりますが、この段階ではまだ濁ったように見え、一般的にはとてもダイヤモンドとは思えない状態です。そこからプロの職人が色の状態を確認し、選別、研磨と段階を踏むことで私たちの知るダイヤモンドに変化していきます。

そもそも限られた条件がいくつも重ならないと誕生しないこの宝石は、混じり気がなく純度が高いほど光を受けて輝きます。見る角度によっても煌《きら》めき方が変わり（専門的には、ブリリアンシー⇩白くて眩しい輝き、シンチレーション⇩ダイヤモンドを動かした時に見える、星のまたたきのような輝き、ディスパージョン⇩虹色に見える光の輝きと表現が分けられます）、虹色や白い光が輝くさまは、古来、人々を魅了し続けてきました。

石のサイズもただ大きければいいわけではなく、小粒のものでもダイヤモンドがもつ気品のある存在感だけは、ほかの宝石では代えられないと人気を博し続けてきました。

ダイヤモンドは、永遠に美しい

ダイヤモンドについていろいろとお話してきましたが、これは私たち女性にも通じることだと思いませんか？　ＴＩＦＦＡＮＹで働きながら、個性にあった魅せ方をすることで急に輝き出すダイヤモンドを見ては、まるで生まれ変わっていく女性のようだとずっと感じていました。

日本の女性たちは奥ゆかしく、「自分に自信が持てない」と悩みを持つさまざまな方に出会い、深く話を聞くほどにその多さに驚かされてきました。

この本を通じて、私はひとりでも多くの女性をダイヤモンドのように輝かせたいと考えています。自分にあった磨き方や表現のしかたさえできれば、「ただ選んでもらうのを待つだけ」の毎日から脱出できるはずです。最適な方法でダイヤモンドのように自分を磨いて、まずは自分を好きになってください。そして、プライベートでも仕事でも「主体的に選ばれる女性」になりましょう。

Lesson1
あなたを一流の女性にするためのエッセンス

01

「信用」で成り立つ外商ビジネスの経験

ＪＡＬからＴＩＦＦＡＮＹへ転職を果たした私は、京都にある百貨店内のティファニーに配属されました。ブランドのこともジュエリーの知識もまったくなかったので、すべて一から学びました。

そして、はじめのうちは、「オープンハート」や少し前に多くの雑誌に取り上げられていた「ダイヤモンドバイザヤード」などを好まれる若いお客様、そしてブライダルのお客様など幅広く担当していました。

しかしながら、私が得意としていたのは比較的年齢層の高いお客様でした。

運命を変えた、外商部への配属辞令

ある日、予想もしていなかった辞令がおりました。外商部への配属です。

百貨店は一般のお客様であれば、お客様がお越しくださりお買い物をされますが、外商のお客様は、ひとりにつき担当者が１名ついており、担当がご自宅まで伺います。

外商部は、百貨店の中でも特に一流のお客様をたくさん担当している部署で、当然ブランドとしても大変力を入れているところです。

ちなみにこの「外商」というのは本国のアメリカにはない制度で、日本独自の「信用」で成り立つビジネスです。この頃の私にとって外商担当になるというのは名誉なことというより面倒なことをやらないといけないという気持ちのほうが大きかったのです。


けれども、これまでの仕事を振り返っていた時に、ふと気づいたことがありました。JALに在籍していた時のことを思い返せば、外商を利用されるような富裕層のお客様とはこれまで何度となく接してきていたのです。むしろその経験を上手に活かし、**富裕層への対応を自分の得意分野にすれば、他のTIFFANY社員との差別化ができる**のではないか、そう気づきました。実はこの頃の私は、多くの女性が抱えている悩みと同じように、ただ毎日を淡々と過ごし、そんな日々がつまらなく、心のなかで「私はこんなものじゃないはず」などと思っていました。

もともとTIFFANYに入社したからには、この職場でないとできないことを達成したい、ほかの会社にいてはできないことを何かひとつでも成功させたいという目標がありました。そのためにも、ある程度の結果を出していないとインパクトを残すようなプロジェクトに関わることができません。外商部に配属となることで責任の重さは増しますが、夢を叶えるためには最適なポジションなのではないかと前向きに考えるようになりました。

想像を超える困難が待ち受けていた外商の仕事

百貨店の外商担当に配属されると、一見《いちげん》のお客様への売り上げを積み重ねていく店頭販売の時とは、働き方も考え方もガラリと変わりました。まず商品を売る以前に、百貨店側からお得意先のお客様を紹介してもらうだけでも、想像を超える困難が待っていたのです。百貨店側からすれば、新しく紹介したブランドや、その担当がうまく立ち回らなかったせいでお得意先を逃しては大変です。実績のない私が簡単にお客様を紹介してもらえないのも当然のことでした。商談をするために百貨店の担当者と車でお客様のもとへ向かったはずなのに、誰にも会わせてもらえずに帰ってくることさえあったほどです。つまり、私の営業先は、まずは百貨店の外商部員だったのです。

私という人間を信頼していただかない限りは、百貨店側ともお客様とも長期的なおつきあいが望めません。そこで私は覚悟を決め、「高野さんだから」と言っていただける関係性を築き上げていくことに注力することにしたのです。

当時勤務していたデパートは、京都の土地柄もありますが、カルティエをはじめとしたハイブランドの人気が高く、「せっかくそれなりの金額を払うなら、若い女性が持つイメージのあるＴＩＦＦＡＮＹはちょっと……」とおっしゃる方もいました。そのような方たちにはＴＩＦＦＡＮＹの歴史やストーリーをお話しし、このジュエリーを持つことでどれだけ素敵な時間がやってくるかについて、言葉を尽くしてお伝えしたのです。

話を終えたときにかけられるのは決まって、「あなたは、ＴＩＦＦＡＮＹが本当に好きなのね」という言葉でした。働くうちに、私こそがその世界観に魅せられていたのでした。

誠実に、めげずに続けていれば必ず見てくれている人はいます。

02

あなた自身の価値に気づくこと

たとえば同じように身につけるものを売るショップであったとしても、ファストファッションとTIFFANYとではブランドからお客様に伝えたいメッセージが異なります。売っている品物の価格帯だけでなく、スタッフの言葉づかいや普段のふるまい方もまったく違います。

これらは、どちらがいいというものではありません。スタッフがお客様とフレンドリーに接することで、1シーズンのうちに何度もお店に足を運んでほしいファストファッションと、お客様と少し緊張感を保つおもてなしをしながら、お店に足を運ぶことは「特別なこと」であり「自分や大切な人への特別なお品を選ぶ場所」と感じてもらいたいと望んでいるTIFFANYとでは、「あり方（ポジション）」と「見せ方」に違いがあるだけのことです。

さらに、もし似た価格帯のジュエリーを売っていたとしても、ブランドごとにつくり上げている印象が重なることはありません。わかりやすい違いとして、TIFFANYのジュエリーボックスはブルーですが、カルティエでは真っ赤な箱を用いています。ただ箱の色が違うだけでも、それを見た人はプレゼントを贈るために、それぞれ異なったシチュエーションを用意することでしょう。

ブランドの違いを言葉で表したとすると、カルティエはヨーロッパを代表する重厚感あるイメージ。ブランドを象徴する動物でもあるパンテール（豹）の印象から、グラマー、豪奢などの言葉がしっくりとくるように感じます。いっぽうのTIFFANYはオードリー・ヘプバーンのイメージがあることから、上品さや繊細さ、またはダイヤモンドを買うならここでといった印象を持たれている方が多いようです。

もちろんこの違いは、自然にできたものではありません。ブランドが大切にしてきた世界観を、長い時間をかけてPRをしてきた成果が表れているのです。

セルフブランディングとは？

このように、それぞれのブランドがその価値をユーザーに認識してもらうために行う一連の活動を「ブランディング」といいます。ここ最近は耳にされたことのある方も多いでしょう。もとはマーケティングの用語で、企業などの場合には、市場において自社がどのような位置づけになるのかもブランディング戦略に含まれます。

TIFFANYであれば、ムーン・リバーの曲が頭に流れたりブルーボックスを思い浮かべたり、あるいは、もしかしたらその中に婚約指輪が入っているかもしれない、そんなふうにイメージしてもらうことが多いと思いますが、それもこれまで積み重ねられてきたブランディングの結果です。この戦略が確立することで、商品の価値を上げることができますし、さらには「プレゼントをもらうなら、TIFFANYがいい」と差別化された顧客を得ることにもつながります。

このブランディングの手法を自身に対して行うのが、**セルフブランディング**です。**自分自身を商品として捉えて、価値を高めるためのふるまい**を考えます。

ブランディングを個人で行う場合に大切なことは、相手が自分に求めているものと、自分が実際に提供できることを明確にしておくことです。そうしないと〝前向きで毎日キラキラと頑張っているけれども、目的や中身が見えない人〟になりかねません。

自分の価値は、気づきにくいもの

セルフブランディングをはじめる時に重要なのは、第三者的な視点で自分にはどんな価値があるのかをまず判断することです。というのも、他人の目線を考えずに自分の良さや提供したいことを判断しようとすると、自分本意で相手に必要とされていない部分を押し出してしまったり、本来は持っているはずの魅力的な部分を見逃してしまったりすることがあるためです。

私はＣＡになるという夢があったので、大学三年生の頃からエアラインスクールに通っていました。エアライン業界は非常に特殊なところがあり、受験者の多くは「エアステージ」という月刊誌を読み、それぞれの航空会社の特徴を自分に反映させてその会社のＣＡになった自分を具体的にイメージしながら入社試験に挑みます。

つまりほかの企業のように、社風になじめそうであるかによって判断されるのではなく、「受験の時点で、どれだけその会社のＣＡとしてイメージできるか」をアピールできるかが勝負でした。

エアラインスクールでは英語や面接の受験対策だけではなく、徹底的に女性としてのマナーや姿勢、メイクについても指導が入ります。そのおかげで「今の自分は他人からどのように見えるのか」を、俯瞰《ふかん》で見る癖を身につけることができました。実際に就職してからも、上司や先輩たちから〝ＣＡらしさ〟を学び続けることになります。

私はこのような経験を経てTIFFANYに移っていたので、すでにセルフブランディングについてはある程度できているはずだと思っていました。けれどもある上司によって、その自信は打ちのめされることになります。

その上司の方はまるで、映画「プラダを着た悪魔」で主人公を磨きあげるキーパーソンをつとめた、メリル・ストリープのような女性でした。手を抜くことやだらしのないことは絶対に許さず、美しく、気高く、そして常に圧倒的に正しいのです。

その上司から指示を受け、私たちは髪型から日頃の行動まで、すべてを改善することになります。TIFFANYを体現する人間であるにもかかわらずマナーやお客様への心づかいが足りていない、それぞれの個性を生かした見た目にもなっていないということは許されません。

私はこの時、夜会巻きなどをはじめとした、カジュアルではないしっかりとつくりこんだ髪型にするようにと言われました。親しみやすさよりも、ある程度の高級感やきっちりしたイメージを与えたほうが、私の場合には信頼感を与えることにつながりプラスに働くはずだとのことでした。

私は上司に言われた通りに、ダウンヘアで出勤することはせず、常に身なりを整え、言葉づかいなどもより気をつけるようにしました。すると、そのとたんに成績が上がりはじめたのです。

まずは自分の価値がどこにあるかを正しく認識し、それに見合った表現をすることが成長への近道だと気づいた出来事でした。

第三者の目線で自分の魅力を語れるようになりましょう。

03

個性は消さなくていい。適材適所という考え方

私が体験したような、上司に言われた通りに髪形から日常の行動まで改善させられたセルフブランディングの話を聞くと、「自分の個性を消さなくてはいけないのでは？」と不安に思う方がいらっしゃるようです。でも、**あなたらしさは他の人にはない財産**ですから、あえて個性を消す必要はありません。

女性向けのビジネス塾などでも、セミナー講師が成功した法則をそのままそっくり踏襲するようにと教えてくれるところがあります。たまたまあなたがその講師の方と同じタイプだったり、あるいは多くの手法のうちのひとつとして取り入れたりするならいいのですが、ひとりの成功法則で全員に当てはまるというようなものはありません。

みんなと同じでなくていい。咲きやすい場所を探す

「個性」は人と違うからこそ、輝いて見えます。集団のなかにいると見失ってしまいがちですが、グループを外から見たときに、みんな同じことをしていたのでは埋没してしまい

ます。

エレガント、グラマラス、美しい、可愛らしい、知性的、親しみやすい、清潔感……「女性らしさ」というくくりでもたくさんのキーワードがありますが、これらの中からぴったりはまる言葉は人によって異なります。

たとえば、リボンとピンク色が似合う方が、急に「大人っぽさ」や「グラマラス」を目指すのは難しいでしょう。でも、ピンクの服が似合うことがオンリーワンのあなたらしさなのです。

私の場合は、フォーマルに寄せて印象を整えたことでお客様とのやりとりがスムーズになり、結果を出すことができました。その後ＴＩＦＦＡＮＹ内でいわゆる富裕層向けの特設部署である、ハイエンド専門チームに抜擢されることになります。

誰にでも必ず、その人だけの特徴を生かした「見せ方」が存在します。そして、そのあるべき姿で咲きやすい場所が必ず存在しているのです。

人と違う部分こそがあなたの魅力。

04

他人に振り回されない〝スルー力〟も時には必要

新しいチャレンジをはじめたときや急にステップアップしたときなどには、以前から親しかったはずの人から思わぬ忠告が入ることがあります。「そんなの、うまくいくわけないよ」「リスクを考えたほうがいいよ」「○○ちゃんには向いていないと思う」……。

心配を装ってかけられるこれらの言葉は、本人すら気づいていないこともありますが、あなたが離れていくことに寂しさがあったり、ときには嫉妬を感じていたりする場合もあります。

女性同士のおつきあいは「私もそう思う！」というような共感がベースになりますので、友人が急に変わっていくことに不安を覚える人が多いのです。もちろん本心から心配してくれているケースもありますが、どちらにしてもその人たちはあなたの人生に責任を持ってくれるわけではありません。他人はあくまでも他人です。予想外の言葉をぶつけられたときに備えて、「貴重なご意見をありがとうございます」とスルーできる余裕をあらかじめ持っておきましょう。

自分の人生は、自分で決める

一方で、自分自身がつい自分の足を引っ張ってしまうような言葉を使っていることはありませんか？　たとえば、「今はまだ」「～ができたら（できるようになったら）」……このような言葉を使っていたら、待っているその「いつか」はずっとやってきません。

一歩を踏み出すためには、どうしたらできるようになるかを考えることが大切です。すでに成功している人たちだって、準備ができてからチャレンジをはじめたのではありません。何度も失敗しながら挑戦するうちに、うまくいくようになっただけのことです。

子どもがいるから、結婚しているから、または独身だから、仕事が忙しいから……同じ境遇にあっても目標を達成して輝いている人はたくさんいます。**自分の人生を決めるのは自分**ということを常に意識するだけで、行動や考え方はずいぶんと変わるものです。

自分の可能性を狭めてしまうような言葉は口にしない。

05

感情コントロール美人であれ

私が女性にセミナーをしていて、力を入れてお伝えしていることのなかにEQ（Emotional Intelligence Quotient＝心の知能指数）があります。これは他人の感情を察したり、自分の感情をコントロールしたりする能力のことです。

超一流、ハイエンドといわれている方々と接していると、成功している人ほどこのEQが高いことに気づかされます。彼らは人の心をつかむのがうまいだけではなく、自分の感情をコントロールする術を意識して身につけているのです。

こうした能力は、幼いうちから育った家庭でマナーとして学んできた人も多いのでしょうが、大人になってからの経験の積み重ねによっても身につけることができます。幼少の頃ならともかく、怒りや悲しみなどのマイナスの感情をそのまま表現してしまうことは、はた目にはインテリジェンスが足りないように映ります。身なりなどほかの部分をいくら磨いたとしても、これでは意味がありません。もちろん、嬉しさや喜びといったプラスの感情であれば、それを素直に伝えることは、相手への素敵なギフトになります。

何を求めているのかを、落ち着いて考える

心に余裕がない時などは特に、ネガティブな感情が湧きあがると気持ちの制御が難しくなりがちです。でも感情に流されてしまう前に、少しだけ耐える練習をしてみてください。

衝動のままに感情をぶつけてしまうのは、相手を傷つけたいからではないはず。**言葉を一度飲み込んで、30秒でも1分でもいいので「なぜ怒っているのか」「なぜ悲しいのか」を考える時間を持つ**ようにします。特に怒りの感情などは瞬間的に湧き上がることが多いので、一瞬でも冷静になれば案外すぐに解消されてしまうものです。こらえることができたら、その感情を抱いたときの気持ちを整理してみましょう。自分でも気づかなかった、思いもよらない「本音」が出てくることもあります。

とはいえ、どうしても感情をおさえるのが難しい場合もあるでしょう。そんな時は信頼できる友人やメンター（仕事や人生における指導者的な人）に、気持ちを吐き出す相手になってもらうのもひとつの手です。

超一流の人は感情のコントロールに長けている。

06

ネガティブな感情との向き合い方

女性たちの相談にのっていると、「ネガティブ（否定的、後ろ向き）な感情を持つことに、自己嫌悪を感じる」と悩む人がかなりの数いらっしゃいます。実はそんな感情を持つことは、ある意味では良いことでもあるのです。

理由は、なにかに対して反射的にネガティブな感情を持つのは、「私は本来こんなものじゃないはず」と思っている証拠だから。自分はこの程度の人間だと諦めているのなら、ハプニングが起きても何も感じません。

どれだけ気をつけていても、うまくいかないときはあります。仕事や人間関係で嫌なことがあったら、運悪く事故に遭ってしまったと割り切ることも大切です。そのうえで、それを回避できる可能性があったのなら、次回はきちんと予防するようにすればいいのです。

こういったことで悩める人は、優しくてまじめな人が多いように思います。つらいことがあったなら、ネガティブな感情が湧いてしまうのはごく自然なことです。

浮上できないくらい落ち込んだら別のことをして心をリセット

それでも、どうしても心が軽くならずに落ち込んでしまう日もあります。私にもそんな日がたまにやってきます。私は、そんな時には強制的にでも考えることをストップするようにしています。

なにをしても浮上できず、悔しくて涙が出てしまうようなときなどは、ホットヨガやトレーニングをいつもより多めに入れて、リフレッシュの期間にしてしまいます。または、ひとりで鎌倉など日帰りプチ旅行にいくこともあります。別のことに集中しているときは、悩みごとについて考える隙がありません。

そして、**心をリセットして元の場所に戻ってくると、以前とは見える景色が変わっていることに気づきます。**追い詰められているときは視野が狭くなるので、あまり良い解決策は浮かびませんが、いったんそこを離れて状況を冷静に分析すると、普段なら気がつかなかったことや思いつかなかったアイデアが生まれる場合もあります。

落ち込んだときは自分を見直す好機と捉える。

07 人を魅了する表情のつくり方

私がこれまで出会ってきた魅力的な方たちは、表情に余裕をたたえていました。今まさにいいことがあって、幸せな気持ちになったかのように、みなさん揃って穏やかに口角が上がっていたのです。

ビジネスシーンでは、重要なことを即時に決めなければならない立場にいらっしゃる方たちなので、きびしい表情をされる瞬間もあるのだと思います。それでも普段はゆったりと構えておられることがほとんどで、つまらなそうに口元をへの字にしているのをお見かけすることはありませんでした。

私よりもはるかに忙しいはずなのに、決して雑なふるまいはしません。ある方は、「一期一会《いちごいちえ》の人もいるかもしれないのに、いっときの気分でふるまったら大切な出会いをだいなしにしてしまう」とおっしゃっていました。

しかめっ面をしていると眉間にしわがよりますし、頬や口元がたるんでしまいブルドック顔になりやすいといわれています。いわゆる老け顔です。そうならないためにも、常に

1センチ口角を引き上げていることを意識しましょう。

笑うことが苦手な人のための、表情のつくり方

そうはいっても笑うことが苦手！　というご相談を受けることが多いので、私がCAの時に使っていた笑顔をつくるためのテクニックをお教えします。それは、**「ウイスキー」と声に出さずに口ずさむ**こと。この言葉を唱えると自然とにっこりとして笑顔に近い表情になり、口角が引き上がります。お酒が好きな方なら、もっと自然な笑顔になれるかもしれませんね。私もCAになったばかりで緊張して笑顔どころではなかった頃には、一日中間をおかずに「ウイスキー……ウイスキー……」とつぶやき続けていました。

この方法のいいところは、しばらく続けていると習慣化して意識しなくても表情がつくれるようになることです。人は表情によって気分が変わりますから、気持ちが穏やかになっていく変化も楽しむことができますよ。

魅力的な表情をつくる魔法の呪文は「ウイスキー」。

08

人を魅了する言葉の選び方

コミュニケーションの第一歩は、ありきたりのようですが挨拶を大切にすることです。おそらく挨拶そのものは、誰もが毎日していることです。けれどもいつもしている基本の挨拶を、本当に心をこめて声掛けしている人はどれだけいるでしょうか。

挨拶をするとき、相手の顔を見て笑顔で言葉を発していますか？　お礼を伝えるときには、笑顔で気持ちを伝えられていますか？　毎日していることだからとルーチン化していたり、使う言葉をマニュアル化したりすると、すぐさま相手に伝わってしまいます。

TIFFANYにいた頃の経験では、超一流の方ほど、丁寧なお礼の電話やメッセージをくださいました。そういう方は、日常のささいなことや誰もが当たり前にしている日常の言葉づかいから丁寧なのです。信頼関係を積み上げるとはこういうことなのだと、おつきあいを通して教えていただきました。

敬意をもちながら、親しみを感じさせる言葉づかい

言葉は戦略的に使うことで、相手との距離感をつくることができます。親しみを込めた表現で距離を一気に縮めることもできますし、少し堅い言葉をあえて選ぶことで壁を意識させ、こちらに容易に近づけないような印象を与えることさえできます。

ただし、このときに注意したいのが、親しみやすい表現となれなれしい言葉づかいを混同してしまうこと。いくらお客様や目上の方と信頼関係を築きいい関係がつくれたとしても、お友達ではありません。むしろ、距離が近くなったときにどのようにふるまうかを判断基準として観察されていると思いましょう。

たとえば「○○さん、〜なさってくださいね」と「○○さん、〜してくださいよー」とでは、同じようなことを伝えていたとしても、受ける印象はまったく違います。自分の知らないうちに、相手に不快感を与えているかもしれないと配慮することが他人の目には知性として映ります。

プライベートで会った方なら、はじめは丁寧に、徐々にフランクに……を心がけるといいでしょう。まず品のいい印象を持ってもらって悪いことはひとつもありません。

いくら親しくなっても相手への敬意を忘れない。

09

愛される女性には多面性がある

よく「自分のことがわかりません」というお悩みを聞きます。その気持ちを打ち明けてくださるのは思春期の女の子ではなく、仕事をバリバリしていて誰にも負けない成績を残しているような、格好いい大人の女性たちです。

どれだけ他人に誇れる実績を持っていても、とことん自分を理解した気持ちになるのは難しいですし、他人の目線で見た自分は固定された一面だけであることが多く、あなたのいいところをすべて評価できるわけではありません。

生きていくなかで「私はこういう人です」と語れることはとても大切です。その際に伝えるべき自分の長所は、自身でチョイスしていくようにしましょう。自分のいいところを他人に見つけてもらおうとすると、誰かに認めてもらうためにいつも頑張り続けなくてはいけなくなってしまいます。そうすると評価をもらえたとしても、いつも走り続けなくてはならず苦しいままになってしまいます。

可愛さ＝媚ではない。いくつもの自分を演じ分ける器用さを持とう。

強いばかりではない、意外な一面があってもいい

毎日のようにたくさんの女性にお会いしていると、仕事に本気で取り組んで結果を出そうとまじめに取り組んでいる女性ほど、恋愛などプライベートでは不器用で傷つきやすく、心が折れそうになっている印象があります。仕事の場ではあんなに器用にふるまえるのに、どうしてそれほどかたくなになってしまうのでしょうか。みなさん、ご自身でもうすうす気づいてはいるのですが、少しだけ足りないのはちょっとした「可愛げ」です。

「どうしてプライベートでまで自分を偽って媚びなければいけないの？」とか「ゆるふわ系は賢く見えないから好きじゃない」などと思われるかもしれません。でも可愛さを備えるために、誰かに媚びる必要なんてないのです。

要は、強さで武装しない一面を持つことで、自然にあなたの女性らしさが引き出されるということです。自尊心を売り渡すわけではありません。これからは、**愛されて必要とされる賢い大人の女**になりましょう。

10 魅了されるのは容姿ではなく〝あり方〟

突然ですが、超一流といわれる人たちはどんな基準で女性を選んでいると思いますか？

「そんなの、美人や可愛い子が好きに決まっているでしょ」と思われますか？

たしかに有名なモデルさんや女優さんはハイエンドからもモテます。けれどもこの場合は、彼女たちが見た日に美人だからというより、「美しさのプロであること」に惹かれているようです。

彼らはいつでも、自分を成長させるための努力を惜しみません。だからこそ、道を極めたプロフェッショナルが大好きです。特別な美しさを持つ人に対しても、年齢を重ねてもその美貌を発展させキープしようとする姿勢に敬意を持っているのだと感じています。

ただし、なかには自分の成功へのご褒美として、トロフィーワイフ（社会的地位や成功を誇示するために獲得する女性）を好む方も一部いることは事実です。そんな方と出会ってしまった場合には、ビジネス上のおつきあいだとしっかり線を引いてしまいましょう。

容姿だけでなく、あり方を整える

モデルや女優のように美しさが仕事になるのであれば、美しさを磨くことに注力して構いませんが、どれだけ見た目が素敵でも言葉づかいが雑だったり、食べ方に品がなかったり、他人を敬う様子が見られない女性はモテません。ハイエンドの方たちは基本的に、**生きる姿勢や人としてのあり方**をよく観察しています。いつも愚痴ばかり言っている人、他人を羨んでばかりの人はどんな男性にも敬遠されてしまいます。

ただ、逆にいえばこれらのポイントを押さえていれば、魅力的だと判断される可能性が高くなるともいえます。彼らは仕事の面で人づきあいが重要であるため、他人に会わせて恥ずかしい女性とは時間を過ごしたがらないのです。

人としてのあり方を完成させるマナーは、いつからでも習得ができます。恋愛のためだけにとどまらず、自分のレベルを上げるためも、一度自分のふるまいを見直す時間をとってみましょう。

自分を成長させようという気持ちをいつまでも持ち続けること。

11
短所だって武器になる

「短所」って、気になりますか?

現代はどうしても比較されがちな社会なので、周りと比べて私は……と気になってしまうこともあるかもしれません。「あの人はハキハキとしているのに、私は俊敏に動くことができない」とか「彼女は家庭的なのに、私はお裁縫や料理が苦手」とか。

人それぞれ得意・不得意があるので、うまくできないことがあって当たり前です。それに、よくいわれていることではありますが、短所はそのまま長所にもなりえます。

俊敏に動けないのは、ゆったりおっとりしているということ。せかせかしているよりも、相手に安心感を与えることができます。家庭的なことが苦手なタイプの女性は、仕事が得意だったりロジカルシンキングの達人だったりするのではないでしょうか。理論的な考え方が苦手な男性もいますし、職場では重宝されるかもしれません。

ちなみに、私は、まったく地図が読めません。そのため、地元ではない東京ではしじゅう迷子になっています。電車の乗り継ぎも苦手で、目的地と反対方面に行ってしまうこともよくあることです。そのくせ、びっくりされるほど理論的で男性脳だといわれることもあります。

これが、ありのままの私です。かつてＪＡＬという女の園にいた頃には空気を読む独特の作法がわからず、先輩に怒られ続けていたこともありました。けれども、自分の個性を捨てて他の人のようになりたいと思ったことはありません。

みんなが一緒なんて、つまらない。大人になるほど、短所が武器になっていくのだと実感しています。もしも自分の短所がまったく好きになれない場合には、ひっくりかえして長所にしたらどう表現できるか考えてみてください。

丁寧さがたりない↓鷹揚、おおらか
せっかち↓情報処理をする能力が高い
怒りっぽい↓感情が豊か
惚れっぽい↓愛情がいっぱい！

全部、とても素敵な長所です。あなただけの個性を伸ばしていきましょう！

大人の女は短所を自分の魅力に変える。

12 素敵な自分をいつまでも求める

女性はまるで花のように、そこにいるだけで周囲を華やかにさせることができる存在です。空間を明るく照らしだす力は、年齢を問いません。10代、20代、30代、40代、50代……それぞれに魅力となる部分がまったく違うのです。

10代はなにもかもが初体験で、失敗している姿さえ初々しく可愛らしく見えるもの。20代は少しだけ経験を積んできて、背伸びをしたいお年頃です。

見守る大人たちも同じように年齢を重ねてきたので、ちょっとくらいのミスマッチは見逃してくれます。髪型も持ちものも服装も、「自分に合う」ものよりちょっと上のものを選んで、いろいろと試してみる醍醐味がある年齢といえるでしょう。

自分らしいスタイルが固まって、合うものがわかりはじめてくるのは30代からです。だから、いま20代の方には、思いっきり背伸びをすることをおすすめします。

あれもこれもと欲張ってチャレンジしたことが、たとえ失敗したとしてもやがて経験として生きる時が必ずやってきます。

女性は年齢を重ねるごとに魅力的になっていく。

大人の女性にしかない特権がある

30代を迎えた女性のもとには、ようやく自分にぴったりと合うアイテムたちが現れます。若い頃に身の回りにあったファッションアイテムは、おおむね「誰にでも似合うもの」。大人の世界には、**自分だけのストーリーをつくってきた大人の女性だからこそ、似合うブランドやファブリックが存在している**のです。

私の周りには、尊敬できる40代、50代の美しい女性たちがたくさんいます。彼女たちは独身・既婚に限らず、積み重ねてきた自信と魅力にあふれています。パーティーにいらしても若い女性がかすむほどのオーラを持っている方たちです。

それでいて仕事の面でも誰にも真似ができないほどの実績があるにもかかわらず、「結果が出たのは、助けてくださる人に恵まれたから。まだまだこれからです」と謙遜されます。大人になっても成長を求め続ける姿は、伸びざかりの頃とは比較にならない、洗練された雰囲気をつくりだします。

13 自分を丁寧に扱う

いつも謙虚に努力を惜しまない日本の女性たちは、もっと評価をされていいはずです。なぜ自分に自信を持てず、本来受けるべき認識が得られないのかを考えたときに、「自分を丁寧に扱っていないからかもしれない」と気づきました。

こんなにも魅力があるのに、自分を大切にしてあげることに抵抗を持つ方が多い気がしています。そこで、今すぐ誰にでもできる「自分を丁寧に扱うための方法」をお伝えしましょう。それは、**目の前の他人を大切にすること**。第三者に敬意を持って丁寧に接していると、その人自身が雑に扱われることがなくなります。意外に思われるかもしれませんが、他人を大切にすることは自分を大切にすることにつながるのです。

たとえば私の出身地である京都には、一見さんお断りのお店がたくさんあります。それはお店側がお高くとまっているわけでもでもお客様を見下しているわけでもなく、すでにいらしているお客様やお連れ様を守る意味が込められています。懇意としてお越しになっているお客様たちに満足いただける空間を提供するために、何者かわからない方を招き入れることをしないのです。

そのルールを理解している人は性別を問わず、一流の場所には一流の空気感があると知っているので、場の空気感を邪魔することはしません。

また会いたい・来てほしい人になる

たとえば、ラグジュアリーな空間で騒いでは特別な場所がだいなしです。レストランの格によっては、スマートフォンで写真を撮るのもカジュアルすぎる行動になります。その場所の世界観にふさわしくない動きや格好をすることは、周りにいらっしゃる方やお店側に失礼になります。

その時にマナーよく、場を乱さずに空間を華やかにできる存在でいられたなら、お店側に大切にされ、また来てほしいと願う顧客になっているはずです。


他人を大切に扱う人は他人からも大切に扱ってもらえる。

14

あなたは「ダイヤモンドである」ということに気づく

女性は、ダイヤモンドと同じ原石です。それぞれの伸ばすべき美しさや輝きを持っていて、適した方法で磨きさえすれば輝くことが保証されています。これはどの女性にでも当てはまることで、例外はありません。

そしてまた、何もせずにはじめから輝いている女性もいません。生まれつきの造作や、若さからくる目を引く部分はあるでしょう。けれども、それは時間の経過とともに衰えるもの。本当の美しさとはダイヤモンドのように、時間を経ても変わらない魅力であるはずです。たとえ今はまだ、自信が持てないでいたとしても構いません。むしろ「最初から自信を持ち、輝いている女性はいないのだ」と納得することが大切です。

最高の輝きを持つ自分になる

魅力を放つ自分になりたければ、まずは自分のことをよく知ることです。あなたは他人から客観的に見たときに、どんな女性として映っているのでしょうか？　あなたの動作や行動は、相手にどんな印象を与えていますか？

『自分が他人にどう見えているか、自分のことがわかりません』と打ち明けてくださる方はとても多いのですが、意識して知ろうとしないと自分のことはなかなかわからないものです。自分のことを知りたければ手っ取り早い方法として、仕事先やいつもの友人とは異なる人たちが集う場所、違う思考や職種の人たちがいる場所に行くことです。**さまざまな環境に身を置くことで、自分は外からどのように見えているか、本当に好きなものはどのようなものなのかなどがわかってくる**のです。

ここで忘れないでいただきたいのは、セルフイメージを高く持つこと。こころない言葉によって、「私はこんなもの」だと勝手なイメージを植えつけられてしまうことがありますが、そんな根拠のない言葉は今すぐ捨ててしまいましょう。

私はいまだかつて、「こんなもの」でしかない女性に出会ったことはありません。そんなつまらないイメージではなく、「私はダイヤモンドなんだ」と思うのです。今はまだ原石。「他人と違う、唯一無二の私は素晴らしい」と自分で認めることからはじめましょう。

自分の特徴を知れば、最高に輝くための磨き方ができる。

15 いつも自分の心に正直であれ

みなさんは、自分の気持ちに素直に生きていますか？

ＴＩＦＦＡＮＹで接してきた超一流の方たちは、いったん仕事を離れるとどんなことも子どものように無邪気に楽しまれる方がほとんどでした。奥様や恋人など一緒に時間を過ごす人にもまた、自分の心に正直であること、本当にしたいと思うことには躊躇せずチャレンジする姿勢を求めていらしたのも印象に残っています。

だから、あなたがもし、「会社もあるし、人づきあいの関係で言いたいことなんて言えない。人の目が気になって、したいこともできない」……なんて思っているのなら、今すぐ意識を変えていきましょう！

超一流の方たちは、多くの仕事や人づきあいのなかで、前向きではない、打算や裏の心を持つ人ともやむを得ないおつきあいが発生します。成功した彼らには、利益を狙う取り巻きや、本心を出さずに利益だけを目的として接触をしてくる人も多いのです。

そうしたつきあいに疲れている方と、長く仕事をしたりプライベートで一緒にいたいと望むなら、まずは**いつでも心を開き素直でいることが大切**です。彼らはものごとを一緒に楽しみ、純粋な目で世界を捉えるパートナーを必要としているからです。

つまらない人は、誰からも選ばれない

また、何事に対しても、「それは私に関係ないことだ」と考えてしまう人も注意が必要です。好奇心に乏しい、つまらない相手だと認識されてしまう可能性があります。

たくさんの経験を積んできている男性は、目の前の人を楽しませることが好きです。だから初めての経験にトライすることなく諦めてしまう癖がある女性は、評価が得られにくくなります。彼らに好かれやすいのは、言われたことをまっすぐに受け止めるスポンジのような吸収力がある人。さらにアドバイスされたことをきちんと受け止めたうえで、自分流に変えていく能力がある人です。

彼らはこだわりや強い軸がある一方で、独善的になることなくフラットに他者からのアドバイスを求めます。同じ目線に立てる人はとても大切にされます。

正直さ、素直さは最大の魅力になる。

16 あなたらしい自分の磨き方は？

自分のことを知ることができたら、次はどのような姿になりたいのかを具体的にイメージします。

ここではダイヤモンドの特徴にたとえて、女性を3つのタイプに分けてみました。自分がどのタイプに当てはまるか検討がつかなければ、いつも接している人にあなたのキーワードをいくつか挙げてもらってみてください。そのキーワードに当てはまる特徴を持つものが、自分らしさを表す特徴になります。

◆ラウンドブリリアントカットのように正統派なあなた

正統派の美しさを持つあなたのイメージは、おつきあいをしている恋人のお母様に好まれる女性です。ものごしも優雅で、しっかりとしたしつけを受け育ってきたお嬢さんといった印象。

このタイプに当てはまる場合は、気品や可愛らしさを備えた女性を目指しましょう。服装や持ち物も「可愛らしい上品さ」にこだわります。あくまで「派手」ではなく、上品な華やかさを選ぶことがポイントです。このタイプが派手すぎるものを身につけると、際立ちすぎてしまい品がなく見えてしまうことがあるので注意しましょう。

簡単に思い浮かべやすいのは、民放の女子アナウンサーです。彼女たちのメイクは決して派手ではなく上品でありながら、「華やかさ」をあわせ持っています。雰囲気を自分に落とし込めるまで、何度もニュース等を見てチェックしてみてください。

ぱっと見た時にバランスがよく見えるのは、ワンピーススタイルにヒール、爽やかな笑顔です。メイクも決して濃すぎる印象を与えないように、透明感を意識しましょう。健康美、爽やかさと色気の両方をちょうどよく持ち合わせているのがこのタイプです。

香水をつけるときには、ふわっと香るフローラル系を選ぶのがおすすめです。どちらかというと、女性らしく万人受けしやすい香りを選びましょう。

実はアナウンサーとCAを併願して希望している人が多いのですが、CAメイクとアナウンサーのメイクはまったく違います。CAは暗い機内ではっきりと際立つ上品さを意識するため、口紅の色もピンクではなくローズで濃いものになります。言葉づかいも、さらに正しさだけでなく、上品さやきちんとした印象が求められます。

◆洗練されたプリンセスカットのようなあなた

日本で「プリンセス」というとお姫様として可愛らしいイメージを持ちますが、本来は英国王室のダイアナ妃やキャサリン妃のような、気高く強さも備えた女性をあらわす言葉です。スクエア型の洗練されたプリンセスカットは、その名の通りプリンセスにふさわしい輝きです。気高く、気品が強調されます。

イメージは、大人の女性。年齢が若い頃から、大人っぽく見られてきた女性がこのダイヤモンドを身につけるとよく似合います。洋服もエッジが効いていて、「格」を意識したものを選びましょう。シンプルでありながらも高級感を感じさせて、なおかつ見た者の目を引く装いです。

ほとんどの女性が「ラウンドブリリアントカット」を選ぶところを、〝他の人と同じは嫌だ〟と思う気持ちと、かといって個性的にもなりすぎずに品がある、似合う装いを見つけ出す「こなれ感」が特徴のタイプです。

この「こなれ感」はすぐには身につかないセンスであるため、自信がない時には洋服やアクセサリー選びに関して、まずはショップでプロのアドバイスを求めましょう。自分に似合うチョイスを、少しずつ取り込んでいくのです。

このタイプは、質が良いものを選ぶことも重要です。カジュアルな素材、シワ加工の服は、いくら流行であったとして馴染まず浮いてしまうからです。ハリやつやのある素材、シフォンなどでもしっかりプレスされた服を着るようにしましょう。

香りもあなたを演出してくれる、とてもいい方法です。昼間の香りと夜の香りを使い分けることで、香りの「こなれ感」を演出することができます。メイクや服装もＴＰＯや参加者に合わせたうえで、その範囲で許されるこなれ感を出しましょう。たとえば、昼間は正統派のメイクをしていても、夜のディナーで雰囲気のいい薄暗いレストランやバーに移動するなら、ルージュを赤にしてみるなど。ちょっと大人の色気が、よく似合います。

ハートシェイプのような、キュートなあなた

ハート形からもイメージできる、見た目や雰囲気からもすぐにわかるような「可愛らしさ」「キュートさ」が特徴です。いつもニコニコと笑顔で、自分の主張をするよりも、ふんわりとしたイメージで人を癒やす力に長けている愛され女子。

そこにいてくれるだけで、見ているだけで幸せになれるようなパワーを発することがで

きる人です。

実年齢よりも、幼く見られる人が多いでしょう。パステルカラーや花柄、体にぴったりと沿うよりもやさしいラインの洋服がよく似合います。タイトな服を選ぶと寂しい印象になりやすいので、ふんわりとしたものを。素材もつるつるしていない、ボリューミーなものが着こなせます。

メイクはチークの位置と色を意識しましょう。頬に斜めにチークをいれるのではなく、広めにふわっとピンク系をのせます。ジュエリーを選ぶときには、主張しすぎない小さめを選ぶことがおすすめです。

コミュニケーションも外見に合わせ、直接意思を押し通すよりは、傾聴力、うなずき方、アイコンタクトが重要になります。どうしても譲れない部分は、会話のなかで上手に気持ちを挟んでいくとうまくいきます。

人を褒めるのが上手なこのタイプは、さらに褒め上手になるために「私は」のワードを積極的に使ってみてください。「私は、◯◯さんの◯◯が好きです」と伝えることで、ただ素敵ですねと褒めるだけの言葉が、オンリーワンの褒め言葉に変わります。

私自身、ダイヤモンドについて詳しく学ぶようになり、これは女性そのものではないかと思うようになってから自分が劇的に変わりました。唯一無二のダイヤモンドは、まさに「人」と同じです。

もしも自信がなくて、**今はまだ光り輝いていない女性がいたとしても、それは磨き方を知らないだけ。何歳でもどんな女性でも、磨けば必ず光ります。**

〝女性はダイヤモンドの原石だ〟なんて言葉を使うと、なんだか安っぽく、ありがちに聞こえてしまうかもしれません。それでもダイヤモンドについて専門的に学んだからこそ、お伝えしたいのです。

いろいろな条件が奇跡的に重ならないとできず、そして磨くことで必ず光り輝く美しさと奇跡は、まさに「女性そのもの」なのです。

自分のタイプを知り、より愛される姿に磨きあげましょう。

17 人生を変える「覚悟」の磨き方

「覚悟」という言葉は、日常ではあまり聞くことがなく大げさな印象を受けるかもしれません。けれども超一流の方たちは、いつでもこの言葉を自分に問いかけています。そのような方たちと時間を過ごしたいのであれば、今まで当たり前だった考え方も変えていく必要があるのです。

まず大切なのは、自分以外にはなれないと覚悟をすること。女性はただ生活をしているだけでもいろんな局面で他の女性と比較をされがちなので、自然に他者と自分を比較する癖をつけてしまう方が多いようです。けれども**本当に比べないといけないのは、他人ではなく過去の自分**です。

「あの人は幸せそうで羨ましい」「あの人はいつも充実した毎日を過ごしていてずるい」……すべてのことで他人よりいいポジションをキープするのは難しいはずです。比較し続けることで手に入るのは、競い続ける苦しさだけではないでしょうか。

ハイエンドといわれる方たちは、業績も生活環境も人から羨ましがられ比較される毎日を送っていらっしゃいます。だからといって、当のご本人たちも後から追ってくる人たちに負けないように常に頑張っているのかといえば、まったくそのようなことはありません。他人がどうこういうのは関係なく、自分の決めた目標に向かって進めているかだけを、厳しく確認し続けているのです。

選ばれる女性たちが持つ覚悟

ハイエンドに選ばれた女性たちにも、共通している覚悟がありました。大きく飛び抜けて成功しているのなら、大きく失敗してしまう可能性もまたゼロとはいえません。彼女たちは「パートナーが選んだ人生なのだから、それで構わない」、「できる部分を自分なりに支えて、見守っていく」という覚悟を静かに携えていました。

まるでファーストレディのような、自分を誰よりも信じてくれる女性がいるからこそ、彼らは全力を尽くせるのだと思います。相手を信頼し、さまざまなやっかみにも負けない強い心は、多忙なハイエンドパーソンの安らぎにつながります。

過去の自分を超えていく覚悟が、その後の人生を大きく変える。

18

必要なのは正しい美学

謙虚であること、思いやりを持つこと、他者への気づかいを忘れないこと。これらは多くの日本人女性が身につけておいたほうがいい、たしなみのようなものです。ただし、優しさが秀でているからでしょうか、他者の目を気にする習慣が邪魔をして、生きにくさの原因をつくり出していることがあります。

超一流の方たちは、限りなく常識をわきまえた方たちですが、その一方で、意味のない慣習に縛られることを嫌い、マナーを自分らしくアレンジする達人でもあります。日本には古来、茶道などにおいて「守破離《しゅはり》」という考えがあります。「道」を追求するには、師匠の流儀を守って励む「守」、あえて流儀に逆らってみる「破」、型から離れてオリジナルを確立する「離」という過程を経るというものですが、型を知らなくても、型にはまったままでもダメということでしょう。彼らはまさにそれを体現しています。

謙虚さや思いやりというものには決まった形はありません。であるがゆえに、心のこもっていないテンプレート化された対応ばかりでは、いつか見限られてしまいます。

自分にとっての美学をつくり出す

私は京都で育ちましたが、それこそ「肌で覚えて育つ」ようなしきたりが山ほどありました。東京に出てきて、ある意味ドライで効率のいいコミュニケーションをたくさん知ると、地元での、相手の心を測るような方法がややこしいと感じたこともありました。

けれども、はっきり言葉に出さずともお互いの意思を伝え合えるしくみは、まさに京都の土地が長年かけてつくり上げた「美学」なのだと、今では思います。

それはJALやTIFFANYで教わってきた、お客様と接するための考え方もまったく同じでした。美しく見せるためでありながら、実は考え抜かれたルールの数々は私たちを仕事モードに導き、守るものでもあったのです。

「美学」というと少しおおげさなものに感じてしまうかもしれませんが、ハイエンドの方ほど自分の軸や考え方の指標として必ず持っています。**むやみに情報を入れるより目指す姿として自分なりの美学をつくることが、一番効果的**であると考えています。

正しい美学は女性の成長を促す。

19

二流で過ごすか一流になるかはふるまいに表れる

以前、食事をしていたあるレストランで、20代のお嬢さんを連れたお母様を見かけたときのこと。雰囲気からもとても裕福そうに見える印象でしたが、思わずその姿をじっと見つめてしまったことがあります。おふたりとも揃って全身がシャネル、バッグはケリー、指にはおそらくハリー・ウィンストンだと思われるダイヤモンドが光っていたのです（わかりやすいブランド物を身につける際には、1ブランドにしておくのが基本です）。

お召しものからも豊かな生活をしていることがうかがえましたが、言葉づかいや話されている内容は美しいとはいえず、隣に座っているだけでぐったりしてしまいました。実は同席していた同業界の方と、思わずお互いに目配せをしてしまったほどでした。

きっとあのおふたりは値段の張る、高級なジュエリーをお買い上げになることでしょう。それでもおそらく、担当者にとってのお得意様、顧客にはなれないはずです。私がその立場であったなら、間違いなくそう判断しています。

もちろん、ご一緒している際には気分良く過ごしていただけるように接しますし、身なりをたくさん褒めることと思います。なぜならば、それがプロだからです。しかしながら、他の顧客の方をお招きしているパーティーなどには、間違ってもご招待できません。というのも、ハイエンドの方は場の空気を乱すことをもっとも嫌い、違和感を持つ人がその場にいることを好まないからです。

受けたサービスの質は、あなたを映し出す鏡

あなたがもし、ふらりと入ったレストランで予想外のサービスを受けられたとしたら、スタッフがあなたをそのサービスを受けるにふさわしい女性と判断したことになります。

いくら持っているものが素晴らしくても、使いきれないほどのお金を持っていても、**その人の雰囲気をつくるのは使う言葉やふるまい**です。一流の人に認められたいなら、品のないふるまいはしないこと。周りにいる人たちから認めてはじめて、本物の一流になれるのです。一流の仲間入りをして未来を歩きたいのであれば、いつでも品良くふるまう決意が必要です。

周りの人たちに認められて、はじめて一流になれる

20 女に生まれたからには女優たれ

常に「なりたい自分」の姿をイメージすることは、とても大切です。理想の自分を思い浮かべたら、女優のように演じるスイッチを入れましょう。目標をしっかり定めて、そこに向かってブランディングするのです。

私がCAを目指していた頃には、真っ赤な口紅をつけて髪をシニヨンにし、さらにスカーフを巻いて空港に通っていました。目的は、自分はCAであると言い聞かせながら、飛行機を見ることでした。

もしも自信が持てなくてそのようにはなりきれないと思われるなら、「担当」をつけてみることをおすすめしています。要はプロに任せてみるということですが、美容院やネイル、エステサロン、洋服から靴、化粧品まで**身につけるものすべてについて、一度プロのアドバイスを受けてみるといい**でしょう。

最近では、美容関連などはインターネットで格安のクーポンを配布しているお店を見つけて、安いお店を渡り歩くことも可能です。けれども、モノだけ、技術だけ、商品だけ得ようとする行為では、自分の持つ魅力を引き出すことはできません。

一度、プロ目線で自分を磨いてもらう

超一流の方たちがとてもお洒落でセンスがいいのは、その道のプロにお任せされているからです。実際にお願いをするまでは指名料なども含め少しお高く感じるかもしれませんが、一度体験すれば価格以上の楽しみと感動と知識を得ることができます。

自分の専門分野について秀でていることはもちろん大切ですが、身なりやふるまいを含め、あらゆる面で付加価値をつけられる人を目指してみましょう。自分だけではできなくても、その道のプロに「なりたい自分」のイメージを伝えれば美しく整えてくれます。

頭からつま先まで全身を整えることに、最初は抵抗があるかもしれません。それでも、女性ですから、自分を女優だと思ってその完璧な姿を演じてください。違和感があるのは、ほんのわずかな時間だけです。すぐに胸を張って一流の方たちと渡りあうことが、当たり前になっていくことでしょう。

女優モードでいることが当たり前になると、運命も変わってくる。

21
嫌われる勇気・断る勇気・離れる勇気を持つ

超一流の方とはじめて対面する際に、誰からも好かれようとする必要はありません。このステージではあなたがあなたらしくいることが重要で、万人受けを狙うと一瞬は注目を集めても、かえって逆効果になってしまうケースがみられます。

「誰にでも好かれる」という立ち位置も、それなりに需要はあります。けれどもいくらでも代わりがいるポジションであり、「あなたでなくては」と言ってくれる人には出会えません。ぜひ来てほしいと願うお客様や意中の相手とも、気持ちをつかむための個性がない限り、短期間のおつきあいで終わってしまう可能性が高くなります。

長期的にみるなら、一部の人には嫌われるくらいの個性があるほうがコアな出会いを引き寄せます。そのためには、「嫌われてしまったらどうしよう」といった不安は持たないこと。誰かには嫌われることが当たり前なのだと、「嫌われる勇気」を持ちましょう。

ただ属しているだけのコミュニティから卒業する

今、あなたが主に属しているコミュニティは、どのような集いですか？　参加し始めた頃と同じように、行くたびに毎回学びは得られていますか？

おそらくそこにいる人たちは、みなさん同じような属性の人たちなのだと思います。だから、その場所にいるととても居心地がいいはず。楽しくお喋りすることでリフレッシュもできて、気分転換にはもってこいだと思います。

けれども、もし**成長を求めるのであれば、居心地がいい場所よりも背伸びをして少し緊張する場所に参加するくらいのほうが、結果が出ます**。そういった場所であれば、未来を大きく変えるメンターとの出会いも期待できるでしょう。

成長したいと感じる瞬間があるなら、これまで過ごしてきた居心地のいい場所から離れ、飛び立つ時期がやってきたのかもしれません。また、つきあう人が変われば人生が変わることも事実です。大切なお友達と連絡を絶つ必要はありませんが、実のない愚痴が多いお茶会や女子会については「断る勇気」「離れる勇気」を持つことが、品よく成長していく秘訣です。

女性として成長するために、いくつか必要な「勇気」がある。

22 断り上手な女性が好かれる理由

誘ってくれた相手に嫌な思いをさせまいと、時間がなく疲れているのに無理をして集いに参加していませんか？　そして残るのは、後悔と、自分の時間を使えなかったモヤモヤだけ。人生の質を上げるのに必要なのは、実は**「断る技術」**なのです。

実際、断ることに気をつかいすぎているのは誘われた側だけで、誘った側は断られることも想定しているので、悩みすぎるのはかえって相手の負担にもなりかねません。誘ってくれてありがたいと思うのであれば、お断りをする時にそのお礼を伝えればいいのです。

私の場合、お伺いできない際には「お誘いいただきありがとうございます。今回は残念ながら○○があり、行くことができません。誘っていただいたこと、とても嬉しかったです」とさらっと簡潔にお伝えしています。

ポイントは、**だらだらと理由を述べない、相手を否定しない**、そして**行けないということをはっきりきっぱりと伝える**ことです。お礼と、誘っていただき嬉しいという自分の気持ちを表すワードで断りのフレーズを挟むことで、相手の行動を否定しないですむのです。

超一流の方たちはお誘い自体が多いので、断り方が実にスマートです。みなさんにっこりと笑顔でお礼を伝え、爽やかに残念ながら都合がつかないと伝えておられます。

あまり魅力を感じないお誘いやイベントは、断ることに苦手意識を持ちすぎず、さらりとお返事をしてしまいましょう。自分の時間は、自分でしか守ることができません。

他人の時間を奪わない

逆に、あなたが誘う側である場合は、他人の時間を大切に思う気持ちを忘れないでいただきたいと思います。ある企業の社長さんは、こんなことをおっしゃっていました。

「私がもっとも大切にしているのは、時間」「他人の時間を奪わないこと」

その方は、絶対に人の時間を無駄に拘束することだけはしないように気をつけているとおっしゃっていました。自分にとって時間の貴重さがわかると、人の時間も雑に扱うことがなくなります。また、お会いした際にも、無駄に長時間話を続けるのではなく、話をわかりやすくまとめることも相手への礼儀です。

美しい人は、断り方も美しい。

23 一流ではなく超一流を目指す

一流と超一流の違いがわかりますか？　一番大きな違いは「心のあり方」にあります。準備を完璧にして、狙った場所で成果を発揮できれば一流の仲間入りは可能です。けれども大きな勝負どころで結果を出すだけでは、輝きを保ち続けることは困難でしょう。

これまで出会ってきた超一流の方たちは、大一番のその日よりも「毎日の生活」をより大切に過ごされていました。

ＣＡとしてＪＡＬに入社した時に、教官から言い渡されたことがあります。それは、「あなた達は、いつでも見られています。いつでも誰かに見られていると思って、気をつけなさい」という内容の言葉でした。

その時には、「芸能人じゃあるまいし、誰も見ていないでしょう……」なんて思っていました。けれどもフライトを終え疲れ切って帰る電車のなかで、耳にパールをつけ、シニヨンをほどいた後のカールした髪をして、会社名の入ったキャリーを持つ私たちはどう見ても目立っていたのです。

それからは会社の名前を傷つけてはいけないと思い直し、電車のなかでも気をつけるようになりました。その時の習慣が残っていることもあり、今でも常に「誰かに見られている」と意識をしながら行動をしています。

超一流の女性に変身していく魔法の言葉

電車のなかや街ですれ違いざまに、目を奪われてしまうような、常に姿勢を正し、たたずまいが特別に美しい女性を見かけることがあります。彼女たちは、顔の造形や体型のバランスがいいというよりも、「見られている」と意識していることで常に適度な緊張感を漂わせているから美しいのです。そこで、毎日唱えるだけで、自然と超一流のステージに向かっていく「魔法の言葉」をご紹介しましょう。

「あなたはいい女」
「あなたはとっても上品な女性」
「あなたは誰しもが憧れるような女性」

気がついたらこの呪文をとなえるということを、まずは一週間続けてみてください。きっと7日間が経つ前に、電車の座席に座った時に脚が開いてしまうことも、スマートフォンに夢中になって周りが見えなくなることもなくなり、どんなに疲れていても姿勢正しく歩き、座るようになっているはずです。

自分への声掛けが緊張感をつくり、行動を変える。

Lesson2

超一流ハイエンドをもっとよく知るために

01

ハイエンドとはどんな人たちなのでしょう

世の中には、「超一流」と呼ばれる方が存在しています。階級がない日本では、「お金持ちの人」といわれると、ランクが高いいくつかの老舗レストランやホテルなどを利用している人たちなのだろうなどと想像したりしますが、彼らの層＝富裕層はあいまいな定義であることがほとんどです。

じつはこの富裕層とは、調査機関や国によって大きく定義が異なります。これらの方たちとおつきあいをしていくには、実際に相手がどんな人たちなのかを知る必要があります。まずは「世界的に見た視点」をご紹介します。世界有数の証券会社であるクレディ・スイスが発表している、世界の富裕層の動向をまとめた「グローバル・ウェルス・レポート」[*1]の定義をまとめたものがこちらです。

富裕層・超富裕層とは

純金融資産100万ドル以上を富裕層、純金融資産5000万ドル以上を超富裕層と呼びます（純金融資産とは純資産より不動産などの固定資産を除いた金額で、投資可能資産ともいわれています）。

2016年のリリースによると世界各国のミリオネア（総資産額が100万米ドル超の富裕層）の数は、2015年より1・8％増加して3300万人となりました。2021年までには、年間で6・5％ずつ増加して4500万人に到達すると考えられています。

割合ではアジア太平洋地域におけるミリオネアの増加率が特に著しく、2016年に780万人に到達。2021年には、1140万人に到達すると予想されています。

成人ひとりあたりが保有する富の中央値に対して、最も豊かなのはスイスだそうです。次にオーストラリア、ベルギーと続き日本は6位に選ばれています。

世界から見た、日本における裕福層

日本は国別での比較において、2015年と比べもっとも高い伸び率を示しました。総額で3兆9000億ドルの増加を達成しています。

日本のミリオネアの数は282万6000人で、2015年から73万8000人増加しています。これは世界最大の増加数で、国内におけるミリオネアの割合では世界2位となる割合です。

日本国内で定義される富裕層について

次に、日本の証券会社による、富裕層についての定義をご紹介します。

野村総合研究所[*2]が2016年に発表したニュースリリース[*2]によると、純金融資産が1億円で富裕層、5億円以上の世帯を超富裕層と定義されています。

国税庁や総務省を含めた複数の調査をもとに推計された数値では、国内の富裕層は114・4万世帯、超富裕層は7・3万世帯との結果が出ています。

野村総合研究所では世帯ごとの純金融資産保有額によって、マーケットを分類しています。世帯での純金融資産保有額が3000万円未満のマス層、3000万円以上5000万円未満のアッパーマス層、5000万円以上1億円未満の準富裕層、そして富裕層、超富裕層と続きます。

2013年の世帯数と比較すると、富裕層は20・0%、超富裕層は35・2%増加。両者を合わせると、20・9%増加しています。これは2013年から2015年にかけての株価上昇により、それまでは準富裕層と富裕層であった世帯が資産を増やし、それぞれ富裕層・超富裕層に移行したことが原因とみられています。

もしあなたが超一流に選ばれたいと思うなら、これらの方たちと関わり信頼関係を築いていくことになります。お相手は最高の場所で提供される最高のサービスや、富裕層のためだけに設計された商品に触れることにも慣れているはずです。

そのなかでいかに、提供できるモノや自分自身に、お金に代えられない価値を持たせられるかが、選びとってもらうためのキーポイントになります。

「超一流」に選ばれるためには、彼らがどんな人であるかを知る。

＊1　グローバル・ウェルス・レポート2016
https://www.credit-suisse.com/media/production/ai/docs/jp/aboutus/pdf/2016/cs-jp-global-wealth-report-press-release-2016.pdf
＊2　野村総合研究所
https://www.nri.com/~/media/PDF/jp/news/2016/161128_1.pdf

02

一流の世界に存在している最上級のおもてなし

世の中には似たような商品を扱うお店やサービスが、いくらでも存在しています。目新しいものが好ましく感じて、贔屓のブランドがあっても他が魅力的に見えてしまうのはしかたのないことです。それでも、各ブランドは「このブランドだから買う」「担当が◯◯さんだから、お願いする」と言ってもらうために最上級のおもてなしを用意して顧客に提供しています。

ラグジュアリーブランドが人の心をつかむのは、高価な価値を持つ商品力のためだけではありません。もちろん、商品のファンになってくださったり、ブランドを気に入ってくださったりするお客様もいらっしゃいます。けれども、多くの人の心を本当の意味でつかんでいるのは、**考え抜かれたサービス力**なのです。私がTIFFANYに在籍していた当時は、「**朝から晩までお客様のことを考えなさい**」とよく言われていました。

一流のブランドでは、マニュアル通りの接客だけではなく、新しく出てきたブランドや他社の商品に顧客が流出してしまうことを防ぐためのおもてなしを必ず用意しています。

非日常の世界をプレゼントする、TIFFANYのおもてなし

日本だとお求めいただいたジュエリーを身につける場所が限られてしまうため、TIFFANYではドレスコードを設定して、お気に入りのジュエリーを楽しんでいただくための空間を毎年用意しています。たとえば顧客の方だけをお招きするディナーやアイスケートショーを開催したり、ある年は、パパラッチのカメラマンを用意し、ブラックタイのドレスコードでレッドカーペットを歩き、女優気分を味わってもらうという面白い演出をご用意したりしたこともあります。また、本場のブロードウェイからマンマ・ミーアの舞台キャストを呼び、特別なミュージカルを楽しんでいただくクリスマスGALAパーティーなど、ロマンティックで非日常の世界を楽しんでもらうべく、いくらお金を積んでも経験できないブランドオリジナルの体験をたくさん用意しました。

このような場を提供し、モノだけでなく、特別な付加価値としての悦びや思い出も一緒に楽しんでいただく。だからこそ、一流を知る方に選んでいただけるのです。

見た目やモノだけでは、ハイエンドの心はつかめない。

03

〝最高のサービスを受けるあなた〟になる方法

みなさんは、来店するのが二回目のお店で「いつもありがとうございます」と言われたことはありますか？

実は「顧客扱い」される人とそうでない人には、決定的な違いがあります。たくさんのお買い物をしてくださるお客様は、ブランドにとってありがたい存在であることに間違いありませんが、お金をたくさん使うからといって、顧客扱いをされるとは限りません。

一流のサービスには「差別」はありませんが、「区別」は明確に存在します。お得意様とはじめて来店されたお客様が、まったく同じサービスしか受けられないのであれば何度も来店する意味がありません。

ラグジュアリーブランドは大切にしたいお客様を見分け、「いつも来てくださる、あなただから特別に」とスペシャルなサービスを提供し顧客づくりをしています。ただし、この顧客扱いには来店何回など明確な基準はないことがほとんどです。そのため冒頭にお伝えしたように来店一回目や二回目から、お店にとっての特別なゲストとして扱ってもらえるケースも出てきます。そんな、お店側から来店を喜ばれ、最高のサービスを受けられるあなたになる方法をいくつかご紹介しましょう。

その① 相手の名前を呼ぶ

行きつけのお店、はじめてお買い物をした高級店、ホテルなどで担当者の名前を呼んでみてください。ホテルであればチェックインの際にホテルマンの名札を見て、「**○○さん、よろしくお願いします**」と伝えてみましょう。このように言える人は、スタッフ側からすると「この方はVIP扱いに慣れている方なのだ」と映ります。

人の心理上、名前で呼ばれることは「ひとりの人として、特別に扱ってもらえている」ということで、相手からの敬意の表れでもあります。だから名前を呼ばれると、とても嬉しいのです。意識して相手の名前を呼ぶと、距離感がぐっと縮まります。

もちろん、この方法はお店のスタッフだけではなく普段から使えます。お礼を伝えるなら、「○○さん、ありがとうございます」と必ず名前と一緒に感謝の言葉を伝えましょう。特別扱いをされ慣れている超一流も、この人は何か違うなと喜んでくれますよ。

その② 去り際を美しく

もうひとつ、あるポイントを押さえるだけで高級レストランやホテルのラウンジ、もちろん高級店でなくても一目置かれる存在になる方法があります。

それは、去り際に美しくふるまうこと。

みなさんは食事やショッピングの後、何も言わずにお店を出るなんてことをしていないでしょうか。それではその他大勢のひとりで、お店側の印象には絶対に残りません。

私が「この人は違うな」と思った方は、みな去り際に相手が喜ぶひと言や印象に残る言葉、お礼を言っていらっしゃいます。

「ありがとうございます、◯◯がとても印象に残りました。また来ます」

効くのは、ありがとうプラスαのひと言です。レストランであれば、「とても美味しかった。次に来るのを楽しみにしています」などでもいいでしょう。そして、ここまではマナーとして身につけていらっしゃる方も多いのですが、ここから先ができるかどうかが、ポイントになります。

美しく振り返ることで、魔法をかける

超一流の方は、必ずお見送りをした際に少し歩いてから振り返ります。私たちはお客様の姿が見えなくなるまで必ずお見送りをいたしますが、**ほぼすべての方が振り返ってさらに会釈される**のです。

超一流というと「お金持ち」として傲慢なイメージがあるかもしれませんが、決してそうではなく、丁寧かつ謙虚で、誰に対しても感じよくふるまわれる方がほとんどです。逆に、一時的にお金持ちになった方は自己顕示欲が強く傲慢な行動をされることが多く、お店側からはいくらお金を持っていても「慣れていない」と判断されてしまいます。

9割がそうではないため、去り際が美しい人は印象に残ります。次回の来店時には、スタッフが喜んで迎え入れてくれることでしょう。

そしてこの方法は、恋愛においても有効です。**送ってもらったら別れ際に振り返って、大好きな人に最高の笑顔を向けること**を習慣にしましょう。9割の人ができていないと考えると大きな差別化になります。最後に満足度が上がることで、次のデートにもつながりやすくなるはずです。

簡単な方法を積み重ねて、選ばれ愛される体質を身につけましょう。

04

素敵なあなたの魅せ方

　あなたは、自分がどんなふうに見られたいのかを、言葉で表現することはできますか？「おしとやかに、清楚に見られたい」「しっかりとしていて、知識も豊富で利発な女性に見られたい」……おそらく、今の自分が持っている雰囲気を濃縮したイメージを目指している方が多いのではないでしょうか。

　私は「自分がどのような世界観・雰囲気が好きなのかわからない」といわれる方には、インスタグラムをすることをおすすめしています。インスタグラムには自分で撮影した好きなものの写真を並べていくので、何枚か集まると自然に自分のカラーや自分が好きな世界観が浮かびあがってきます。もしもその画面を見て「思っていた自分と違う」「目指しているロールモデルとは違う姿だ」と感じたら、目指す姿に修正していけばいいのです。

　また、自分が他人からどんなふうに見えているかわからなくても、好きな世界観や雰囲気を思い浮かべてみると、だいたい自分のイメージと合っています。持ち物やメイクのしかた、話し方などがその人の印象をつくりだすからです。

評価をされたい人に評価されるようになるには

TIFFANYでは、全世界どこに行っても扱っている商品は基本同じです。ディスプレイもワールドワイド基準のマニュアルがあるのですが、実は店舗によって売れ筋が全く違ったり雰囲気が異なったりしています。さらには、地域の中でも店舗ごとに客層に合わせてスタッフの特徴や雰囲気も揃えています。商品力は全く同じでも、見せ方や誰が扱っているかによって印象はがらりと変わるのです。

自分がどのように見られたいのか、どんな人に評価されるようになりたいのか、それによって取るべき行動は変わってきます。評価されたい対象が明確になっていないと、いくらブランディングをしても相手に響かない可能性が高くなってしまうのです。

どんな人にどんな言葉をかけられたいのかを、紙に書き出してみてください。文字にしてみると、頭で考えていた以上に思考が整理されて素直な気持ちが出てきやすくなります。そして、その書いた文字を改めて見直すと、目標を達成しやすくなります。

あなたの良さを、響かせたい相手に合わせて魅せる工夫を。

05

質問は相手への最高のギフト

TIFFANY時代にハイエンドのお客様と接していて感じたのは、超一流の方ほどお話が上手だということでした。もちろん、全員が話題豊富で盛り上げることがお得意なわけではありません。けれども、それぞれがご自身の個性を把握したうえで、話をする側と聞く側に分かれておられたのが印象に残っています。

話す側でも聞く側でも、みなさんが共通してお持ちだったのは「**リズム感**」でした。楽しく感じられる会話は、言葉のキャッチボールが滞ることなく話が進んでいくものです。テンポよくお話をされる、または話しやすい環境をつくってくださることで、考えこむ間もなく気持ちよく会話が進みます。

このような心地よく話すことのできる場は、相手の心づかいからくる「ギフト」です。それに気づいてからは私も、博識なお客様たちに知識の面で立ち向かうことは難しいので、とにかく心地よくお話いただくために「**質問力**」を磨くよう心がけるようになりました。

会話の楽しさは、質問力でつくり上げる

誰かと話をしていて話しやすさや楽しさを感じたとしたら、その時には相手があなたの話しやすい・答えやすい話題を探してボールを投げてくれているかもしれません。

これは相手の方が、あなたにこの時間を楽しんでほしいと思うからこそプレゼントしてくれる最高の時間です。ハイエンドのみなさんは、こういった上質な時間をつくりだすのが本当にお得意です。

真似をして会話を自然にコントロールしようとするのは高度なテクニックなので、急に身につけるのは難しいかもしれません。でも質問なら、会話を質問形式に変えるだけです。

「それは○○ですか？」
「○○さんはどう思われるのですか？」

など、相手に質問を投げかけてみてください。そうなると相手はどんどん気持ちよくなって話してくれるようになります。そして、この質問が的確でタイミングがよければよ

いほど、あなたはどのコミュニティーにおいても重宝される存在となります。

どんな話題だったら、目の前にいる人が楽しい気持ちで会話ができるのだろう、この人が笑顔になれる話題とは？……といったことを念頭に、ぜひ普段から「質問力」を上げる練習をしてみてください。自分の引き出しがたくさんあればあるほど、相手に「質問」というギフトを贈ることができるようになります。お金では得られない、素敵な時間をプレゼントできる女性は、ビジネスシーンでもプライベートでも大切にされること間違いなしです。

質問をする時に注意してほしいこと

TIFFANY時代に担当をしていたお客様に、腕時計がお好きで、とあるブランドの時計を集めていらっしゃる方がいました。お目にかかるといつも、そのブランドが持つ時計の歴史についてお話をしてくださっていました。しかし正直なところ他社の歴史でもあり、私にはマニアックすぎて、理解がいたりませんでした。

そこで、「**不勉強で申し訳ないのですが、その時計について教えていただけますか？**」と感じたままにお願いをしたところ、大変に丁寧に教えてくださいました。わからないことは無理して気の利いた質問をしようとせずに、素直に聞いてしまえばいいのです。そして聞きっぱなしにせず、次回お会いした時に「前回に教えていただいた◯◯を、勉強してきました」と、会話のきっかけにすれば相手も喜んでさらにお話をしてくださることでしょう。

また、会話を続けさせようとするあまりに、一問一答のように根掘り葉掘り聞いてしまうのは避けましょう。インタビューを受けているようになり、相手が疲れてしまいます。

気をつけるポイントは、「話す側が、楽しそうにその話をしているか」です。

また、矢継ぎ早に質問をする姿は、もの欲しそうでエレガントと対極になってしまいます。注意しましょう。

質問は、相手に楽しんでもらうためのツールになります。

06

自分の話ばかりしてしまう人は傾聴力を身につける

よく、数人で話をしている時、誰かの話が始まると、

「そうそう、私もね～」

「でも、それってさ……」

と、誰かが話し始めた内容なのにいつの間にか、話を持っていってしまう人がいます。

実は、「相手の話を聞いているつもりが、いつの間にか自分中心の話をしている」という方が、とくに女性には多いのです。

もちろん、大人の世界では「ちょっと黙ってよ」なんてことは言ってこないので、本人が気づかないところで「自己中心的な人」という印象を持たれているかもしれません。こういう方に身につけていただきたいのが「**傾聴力**」です。

傾聴とは文字通り相手の言葉に耳を傾け、聴くこと。身につけるコツは、何か話したくなった時「3秒、のどまで出かかった話を飲み込むこと」。

その話、必要ですか？

ぐっと我慢して、会話の主役を相手に渡す。目の前の人に花を持たせる。相手を立てる。本当にすごい人というのは、相手に主役の座を譲ることができる人です。

コミュニケーションの場で輝く女性になるには

また、コミュニケーションの場でひときわ輝いている女性は、その場で話したいのに話せていない人やつまらなそうにしている人、立てるべき人を見極めて、会話の流れをその人に持っていくことができます。

これはすぐにできることではありません。目の前の相手のことをよく見て、周りとのバランスを気にかけるよう目配り・気配りし続けるうちに、習慣になります。

これが自然にできるようになれば、あなたはいつの間にか、主役ではないにもかかわらずその場でもっとも輝く存在となっていることでしょう。

相手の言葉をよく聞く人がコミュニケーションの場で一番輝く。

07

関係を築くまでに3年かかる場合もある

私が仕事でハイエンドの方と接する際に特に注意しておいたことのひとつが、「急いで結果を得ようとしないこと」でした。彼らは購入を検討しているものが、本当に買う価値があるのかじっくりと考える時間を必要とします。

この期間は無理に距離を詰めようとしないことが大切です。焦って結果を出そうとしても、うまくいきません。提供する商品の価格も決してお安くはないケースがほとんどです。一流であるほど、無駄なことにお金を使うことを嫌います。だからこそ、売る側のことも信頼していただき、納得のうえでご購入いただくことが、長い関係性につながるのです。

初回のご挨拶は、面接だと心得る

ＶＩＰとの出会いは、外商部からご紹介をいただいたケースもあるのですが、すぐにお買い上げにつながるわけではありません。まずはお客様にお越しいただき、個室で担当となる者がご挨拶をします。そしてＴＩＦＦＡＮＹのジュエリーについてご説明をし、ダイヤモンドの品質などを見ていただくために商品もお見せします。

お客様に座っていただく席を決め、ダイヤモンドが一番美しく見えるようにその席に合わせて照明を整えておきます。担当者は可能な限り、お客様の情報も集めておきます。

私たちにとって、**お客様に初めてお目にかかる日は「面接」と同じ**です。商品よりも、まずは、担当者がつきあっていくのに値するか判断される場だと認識していました。ここできちんとしたご挨拶ができれば、次回からは自分の担当者として接していただけます。

私がTIFFANY在籍時に数千万円のジュエリーをお買いあげいただいたお客様のなかには、信頼を得るまでに3年を要したこともありました。季節のご挨拶でお手紙を出したり新作のご案内を送ったりと、常にお客様のことを考えているということをお伝えするために、機械的ではない文章をしたためてコンタクトを取っていました。私という存在、ティファニーの存在をお客様に忘れられないようにするためです。

最初は一方通行ですが、振り向いてくれなくてもすぐに諦めないことです。人にはタイミングがあります。その方のタイミングを尊重しながら待つのです。焦りは禁物です。

超一流との関係づくりに、焦りは絶対に禁物。

08

チャンスは絶対に逃さない

突然ですが、あなたの決断スピードは速いほうですか？　人はランチのメニューや見るテレビ番組など、小さな決断まで含めると一日に9000回も決断をしているそうです。当たり前のように過ごしている私たちの人生は、過去に行った決断の積み重ねによって成り立っているのです。そして何気なく決めたつもりでいることも、自分が今までにつくり上げてきた価値観によって判断されています。

超一流の方たちと接していて驚くのは、日常のなかでは悩む時間をほとんど持たないことです。もちろん、大きなお買い物や仕事の場では熟考されているのですが、普段は停滞する時間を持たないように意識されている方がほとんどのようです。

先ほどの話と矛盾するように感じられるかもしれませんが、彼らはしなければいけない膨大な決断のなかで、ひとつずつに時間をかけていたら、ふいにやってきたチャンスを逃してしまうと知っています。そのために仕事や生活習慣を自動化・効率化して悩む時間を減らし、ここぞという機会に全力で取り組めるようにしているのです。

チャンスを逃しやすい人の特徴

チャンスに乗れずにいつも逃してしまうのは、「○○になったらどうしよう」「○○はきっと、自分の得にはならない」と**なにかが起こる前から想定して悩み、勝手に決めつけてしまう人**です。

なにかが起こる前から悩むのでは生産性が低いうえに、今いるところから一歩も進むことができません。慎重に考えることはもちろん大切ですが、癖になっている考え方のせいで、目先のメリットしか見えないのは残念なことです。

また、「つまらなかった」「美味しくなかった」などつい余計なひと言を言ってしまいがちな人も、注意が必要です。愛情のある毒舌を好む人もいますが、自分が気づかないうちに相手に不快感を与えている可能性もあります。とくに仕事で快適な空間を提供できない場合には、ハイエンドの方に選ばれる可能性が低くなってきます。

少し言動に気をつけるだけでチャンスに乗りやすい体質になる。

09

「察して」は通じない、気持ちは言葉で伝える

ハイエンド相手の対応に限らず、してほしいことやお願いしたいことがある時には、察してもらうことを期待せずに言葉にして伝えましょう。そして、さらに大事なのは伝え方を考えることです。

上司や目上の方であればタイミングを見計らい、必ずコンタクトの最初に「**いま、お時間よろしいですか？**」とワンクッションを入れるようにします。

ビジネス書などでもよくいわれていることですが、女性同士の間では通じる「察する」文化は、ビジネスの場では通用しません。プライベートの関係でも、こちらの事情を気にかけてくれたなら感謝をするのが基本です。

ハイエンドの方は、総じてとても忙しいもの。「言わなくてもわかること」と思っても念のためにつけ加えておくことが、信頼の貯金につながります。

印象美人のフォローアップ

一方で、何をしても印象が美しい人もいます。これは生まれもっての美しさや可愛さではなく、しぐさや印象がとにかく美しくて、「この人が頼むならいいか。やってあげよう」と思わせる人です。女性たちの集団ではときにそんな人を、「あの人は愛されキャラだから」「あの人は、ゴマをするのがうまいから」などと評することがあるようですが、印象やコミュニケーション能力の良し悪しは、生まれつきやセンスではありません。みなさん努力をして、後天的に身につけられたものです。

印象美人は相手が時間を割いて何かをしてくれたら、大げさなくらいに感謝を表現します。そしてアドバイスを実行したことへのフィードバックも、必ず伝えます。たとえばレストランを紹介してもらったなら、後日「◯◯さんにご紹介いただいたお店、とても美味しかったです。とくに◯◯が好きでした」と具体的に感想を伝えるのです。ハイエンドの方は教える機会が多いので、こまやかなフォローをするととても喜んでくださいます。

フォローの言葉をつけ足すと、一瞬で印象美人になれる。

10 一流の場にふさわしいドレスコードの基礎知識

一流の方々と接するようになると、必ず直面する問題に「**ドレスコード**」があります。これまで一般的な生活をしてきて、ハイエンドの仲間入りをすることになった時など自身がステップアップをする時にも同じことが起こります。

日本ではパーティーを開く時のカジュアルなルールとして「ドレスコードは白で」など、ドレスコードは参加者たちが楽しむ目的で設定することが多いのですが、海外や一流の方々が集う場所では、自分が楽しむためだけでなく、ホスト側の意向を反映して、他の来客者と着ているものやふるまいの格を合わせるためのものとして機能しています。つまり、周囲の雰囲気を壊さないためにドレスコードは存在しているのです。

意外に感じられるかもしれませんが、ある程度の格があるパーティーでは周囲との格の調和がもっとも重視され、どれだけ美しくても個性的に装うことは必要とされません。むしろ、ひとりだけ目立った服装をして参加していたら、空気を乱し次回からパーティーのお誘いが来なくなるだけでなく、日常にも影響を及ぼしてしまうことでしょう。

また、覚えておいてほしいのは、正式な場所にカジュアルすぎるミニスカートなどで参加して浮いてしまった場合、眉をひそめられるのはあなたではなく、あなたを招待した方になるということです。

ドレスコードを知ることで、開かれる未来がある

欧米などでは常識として浸透しているルールですので、海外生活をする場合やご主人と一緒に海外に在住する予定がある場合には、日本でしっかりと学んでから現地に向かったほうが安全です。

次のページではパーティーの内容によって合わせるべき、ドレスの種類をお伝えしていきます。

このような内容をお伝えする場合、もしかしたら「私には関係ない、遠い世界の話」と思われる方がいらっしゃるかもしれません。けれどもここで、「関係ない」と未来を決めつけてしまうことが、自分の可能性を狭めることになります。ドレスコードに限らず知らない世界が見えたなら、新しい世界を知るチャンスだと楽しんで知識を増やしましょう。

繰り返しますが、ハイエンドの方は、好奇心が旺盛な女性に好感を持つということをお忘

れなく。

まずは格上のパーティーシーンで設定される、ドレスコードについてお伝えしていきます。このランクの装いで重要なのは、コードから外れずに醸し出す「あか抜け感」です。

ブラックタイ

いわゆる「正装」のことです。女性は、イブニングドレス（ロングドレス）。靴はつま先とかかとが覆われたもの。正式には、ドレスと同色の布でできたパンプスとされています。時間帯によって、ジュエリーや肌の露出は変わります。

昼：肌の露出は控え、ジュエリーはパールなど輝きが抑えられたもの

夜：肌は露出し、ジュエリーはダイヤモンドやエメラルド、アクアマリン

アクアマリンはブルーの爽やかな宝石ですが、パーティーシーンの暗めに設定されたライティングや、ロウソクの光を反射して光り輝くことから「夜の女王」と呼ばれています。

アクセサリーは、同種のネックレス、イヤリング、リングを3点セットで揃えてつける「パリュール」が正式なつけ方です。バッグはクラッチを選びましょう。時計はカクテル

ウォッチなど、できるだけ小さいものを。「時間を忘れて楽しみましょう」という意図があるので、大きな文字盤のメンズライクな時計は合いません。ない場合には、つけなくてもまったく問題ありません。

日本人女性の場合は、着物も正装になります。海外の方にはとても喜んでもらえますので、機会があったらぜひ着物での参加もトライしてみてください。この場合には、着物の格は訪問着（若い未婚女性の場合には振袖でも）となります。

男性の場合は、タキシードです。黒の蝶ネクタイを身につける、一見してわかりやすい格好となります。日本では結婚式で新郎が着ている服装が、タキシードです。

ブラックタイ

カクテルアタイア

海外でパーティーにご招待をされた際に、よく遭遇するドレスコードです。海外在住の方は、参加する機会が多いのではないでしょうか。

もともとは夕方~夜にかけてのカクテルタイムに行われていたパーティーのためのコードです。女性は膝丈くらいの、カジュアルすぎない質のいい生地を使ったフォーマルなドレスを着ます。日本の場合では、結婚式でゲストの女性たちが着ているドレスがカクテルドレスにあたります。

男性は、ダークスーツが標準の装いです。こちらもフォーマルなパーティーになりますが、ブラックタイの時よりも個性を出すことが許されます。

靴はつま先の出ない、ドレスの色に合うハイヒールを選びます。エナメルなどではない光沢のないもので、スエード素材は避けるのがルールです。バッグはクラッチでなくても構いませんが、小ぶりのものを選びま

カクテルアタイア

しょう。ブラックタイの場合も同じですが、お財布はいつものものではなく、パーティー用に小さなタイプをひとつ用意しておくといいでしょう。たまにカクテルアタイアのパーティーでロングドレスをお召しの方がいらっしゃいますが、コードから外れて浮いてしまうので膝丈のドレスを選んでください。男性はタキシードではないダークスーツに、それに合わせた色のネクタイをします。

旅行中だからといってラフな装いはNG

次にご紹介するのは、ホテルのレストランや、海外旅行中のディナー、気軽なパーティー、クルージングなどで設定されることが多いドレスコードです。格の高い順に、

- スマートエレガンス
- カジュアルエレガンス
- ビジネスアタイア
- スマートカジュアル

となります。なお、旅行中だからといってカジュアルな装いでいくのはNGです。特に海外のホテルや一流レストランは日本以上にドレスコードは厳しいので、注意しましょう。

スマートエレガンス

フォーマルに近い、ドレッシーな装い を指します。ホテルのレストランや海外旅行中のディナー、クルージングなどで設定されることが多いドレスコードです。日本でも、たとえば、日本橋のマンダリン オリエンタル ホテルのシグネチャー（フレンチレストラン）などは、こちらのドレスコードが設定されています。

ドレッシーとはいえ、ホテルのフレンチに結婚式に着ていくようなドレスで行くのはやりすぎです。悪目立ちをしないためにも、大人が集う場所で素敵なディナーをするのにふさわしい格好を考えましょう。ワンピースに小さなバッグなどを持つのがスマートです。

レストランの中に大きなバッグを持ち込む方をたまに見かけますが、小さなサブバッグ以外はクロークなどに預けたほうがスマートです。

靴は上品なデザインであればつま先が出ていても大丈夫ですが、ウエッジソール以外の

スマートエレガンス

ヒールがあるものを選びましょう。靴底が平らで歩きやすいからか、パーティーシーンでウエッジソールを履いている方がいらっしゃいますが、決してエレガントには見えません。男性はダークスーツで。素材は少しカジュアルでも問題ありません。

カジュアルエレガンス

素材のいいドレッシーなワンピースに、羽織ものやジャケットを着たよそおいです。フォーマルな場面に出る服装ほどは、堅苦しくなくカジュアルなものでOK。フレンチレストランのランチに行けるくらいの服装と考えるとわかりやすいでしょう。男性はダークスーツを着ます。

ビジネスアタイア

お仕事関係の際に、設けられることが多いドレスコードです。男女ともにスーツを着ることが求められます。日本のオフィスでは女性はカジュアルな格好でも許されるシーンが

カジュアルエレガンス

多くありますが、海外で企業同士の催しがある場合には参加者の全員がスーツ着用のルール設定が設けられるケースも多くみられます。ビジネスにふさわしい格好として服装を考え、バッグや靴もファッショナブルなイメージは控えめのものを選びましょう。

スマートカジュアル

ドレスコードのなかでは、一番カジュアルなものです。女性はワンピースかスカートに、ブラウスなど。Tシャツほどカジュアルではない、キレイめなトップスを選びましょう。

男性は、ジャケットを着用します。この場合はノーネクタイでもOK。ちょっ

スマートカジュアル

ビジネスアタイア

ぴりお出かけするための格好と考えると、わかりやすいかもしれません。

パーティーでは招待状などにドレスコードが記載されていることが多いものですが、もしも見当たらない場合には念のため主催者に確認をしてみましょう。なぜなら、そのコミュニティーでは服装に関しては、すでに暗黙の了解となっていることもあるからです。

フォーマルの指定がない場合であれば、女性はやはりワンピースが一番使いやすく、どのシーンでも使えるので安心して着ることができます。上に羽織るジャケットやコートなどは、素材や形がキレイなものをひとつ購入しておくことをおすすめしています。クロークで預けた際に手触りで品質がわかってしまいますし、質のいいものは大切に扱えば本当に長く使えます。さらに上質なものに触れることによって、自分の意識もあげることができます。

もしもパーティーを主催する側に立つ時には、上記のドレスコード以外にも「バカンスふう」「サマーパーティー」「ホワイト」などの、特別なコードをつけるのも楽しいですよ。

ドレスコードはワンランク上の自分を演じるものと捉え楽しむこと。

11

一流のものを好きになる

人生のステージを上げていくコツは、**一流のものを好きになること**です。彼らが日頃接しているものを知り、実際に体験をしに行きましょう。

幅広く情報を知るための入り口として、雑誌はとても効果的なツールです。私がTIFFANYで働いていた時には、世界観を磨くために、『婦人画報』、『家庭画報』、『和楽』、『リシェス』といった、自分よりも上の年齢層を狙った雑誌をよく読んでいました。

とくに『リシェス』は年に4回しか発行されない季刊誌ですが、本物かつ極上の情報をトップクラスの富裕層に届けることを狙った雑誌なので、富裕層の方の世界観をたくさん学ばせていただきました。普通の生活をしていたら耳にすることがないワードも散りばめられていて、表現の勉強にもなります。とくに営業をされている方は、マーケティングを踏まえた言葉が並ぶ雑誌の表現力が、仕事の面でも参考になるのではないでしょうか。ビジネス書はもちろん、経営者層の思考や仕事のしかたを知るのに効果的ですが、雑誌は広く浅く学べるので感性を磨くのにおすすめです。

小さなものから一流のお気に入りを

一流の入門として、たとえば私がよくお友達への手土産やギフトにしている、果汁100％の高級オレンジジジュースがあります。和歌山の谷井農園さんでつくっているみかんを使ったジュースで、市販されているほかのジュースとは比較にならないほど濃厚で自然な甘みがあります。これはパークハイアット東京やザ・ペニンシュラ、アマン東京など名だたるラグジュアリーホテルで、名指しの取り扱いを受けているほどの特別なブランドで、ホテルごとにオーダーされた通りにジュースの風味を調整されているのだそうです。

谷井農園の代表である谷井康人さんが、テレビ東京のクロスロードという番組に出演された際に、「みんなに受けるようなものを目指すのではなく、エルメスのようにたった数人でもわかる人に愛してもらいたい」と話されていました。

まずは身近な小さなものから、一流に触れてみましょう。**質の良いものに囲まれるのが当たり前になると、世界が変わってくる**ことに気づくはずです。

一流のものに囲まれることで、新しい世界への扉が開けます。

12 知識やブランド力だけでは太刀打ちできない

ブランドの名前はそれだけで価値を持つものですが、ただ待っているだけでは選んでいただけません。店舗はほかにもあり、海外のほうが価格の面でお得な場合もあります。さらに、同じくらいのクオリティを持つ商品を提供する他ブランドの存在があるのです。

これはTIFFANY時代に繰り返し自分に問いかけていたことですが、個人的な問題でも同じことがいえます。それぞれに美しく素敵な女性たちの中で、自分を選んでもらうためには、どのようにあるべきなのでしょうか。

TIFFANYをはじめ、CHANELやエルメスなど、ラグジュアリーブランドには「Luxury Strategy」（ラグジュアリーブランド戦略）が存在しています。一般的な市場では多くの人に知られ好かれるため、チラシをまくことやセール販売を頻繁に行うことが必要です。けれどもラグジュアリーブランドの場合では、誰にでも合わせることをせず、**安売りをしないことが価値**になります。

個人的にもラグジュアリーなブランド戦略を持つ

一般的な価格の市場におけるSTPマーケティングでは、

- セグメンテーション（S）…市場における顧客のニーズごとにグループ化し細分化する
- ターゲッティング（T）…ターゲットを絞る
- ポジショニング（P）…顧客に対する利益を検討し、自らのポジションを決める

といった、市場を絞ったうえでその中のお客様に好かれるための戦略がとられます。けれどもラグジュアリーブランドでは、まず**ブランドの世界観を確立することが大切**で、立ち位置よりもいかに最上級の品質を提供できるかが問われる世界です。価格競争に巻き込まれることもないため、商品の値段に関する妥協も必要ありません。これは、個人的な人間関係でも同じです。

ＣＨＡＮＥＬやエルメスとして認識されたいか、ファストファッションとして捉えられたいのか……それによって、動き方が変わってくるはずなのです。

✧安売りしないことが価値、自分がブランドであると認識しましょう。

13 第一印象では清潔感を、第二印象では素の自分を

みなさんははじめて人に会う時、どんなことに気をつけていますか？

第一印象は最初に顔を合わせた瞬間の、たった「6秒」で決まるといわれています。万が一この6秒で悪い印象を与えてしまうと、その後で相手にいい印象を与えたとしても、そう簡単に覆ることはありません。

一説によると、第一印象で与えた悪いイメージを払拭するには、8回も会わないといけないそうです。仕事であれば、何度も会うことで印象を挽回させるチャンスがあるかもしれません。しかしプライベートで会った場合、あまりいい印象を受けなかった女性にまた会いたいと思うでしょうか？　相手はただでさえ忙しいハイエンドであることを考えると、初対面で失敗したら挽回のチャンスはないと考えたほうがいいでしょう。

そこで、私がセミナーでお伝えしてしているのは、**「第一印象ではいかに不快感を与えないようにするか」**です。

第一印象に個性は必要ない

第一印象で相手に不快感を与えないということは一流のトップセールスマンなどにとっては暗黙のルールですが、一般の女性にとっては教わることのないことで、むしろ「初対面で好印象を与えたい」と頑張る人が多いようです。

しかし、初回の段階では失敗しないことを優先させるほうが得策です。とにかく**嫌悪感を与えないように努めること**。この時は、個性を感じさせる必要もありません。ナチュラルメイクでいいので、清潔感を大事にしましょう。

気に入ってもらうのは、二度目に会うことができてからでいいのです。最初は「ダメじゃない、嫌いではない」と合格点をもらうところがゴールです。髪は巻きすぎずに、洋服は個性的すぎないもの、香水はつけたとしても控えめなものにしましょう。香りは好き嫌いがありますので、女性っぽい濃厚な香りは控えたほうが無難です。

つくり込まなくていい、素顔を出すための第二印象

初対面の難関をクリアして、二回目に会えることになったら。プライベートであれば、

そこからは自分の素を出して接しましょう。ここでも「嫌われてしまったらどうしよう！」なんて思って、自分をつくり込む必要はありません。

女性が考えている以上に、男性は自分を持っている自立した女性が好きなのです。ハイエンド男性に関して言えば、なんでも彼らの言う通りに合わせて意見がないように見える人よりも、しっかりと自分の気持ちを嫌味なく主張できる人を好みます。

それに、関係が深くなり何度も会うようになったら、嫌でも素の姿は見られてしまうことでしょう。はじめにどれだけ装っても、ずっと自分とはかけはなれた別のキャラクターを演じ続けるわけにはいきません。第二印象では素直に、感じたままのことを感じよく伝えられるのがベストです。

二回目以降で気をつけたいこと

距離が近づいてきた二回目以降で気をつけてほしいことは、「**本当の気持ちを伝えながらも、マイナスワードは決して口にしないこと**」です。いくら自分のまま、思ったままのことを伝えるべきだとはいえ、「疲れた！」「暑い！」などのマイナスワードはどれだけ雰囲気がよくても相手をげんなりさせてしまいます。

その場はスマートにふるまい対処してくれたとしても、おそらく次のお誘いが来ることはないでしょう。その彼は文句を言わないほかの女性と、いくらでも会うことができるのです。一緒にいても楽しくない人と、わざわざまた会おうとする人はいないはずです。

私が好きなニーチェの格言に、「人が意見に反対する時は、だいたいその伝え方が気に食わない時である」というものがあります。マイナスのことをどうしても伝えなければいけないなら、「疲れたね、でも楽しいね」など必ず後にプラスの言葉を入れましょう。一緒にいて疲れる人にならないことは、選ばれる存在になるために気をつけるべき部分です。

ビジネスシーンにおける、効果的な第二印象

ビジネスシーンにおいても、第一印象が大切なのはいうまでもありません。あなたは会社やブランドの顔として、相手と会っています。特別に個性的なブランドでない限りは、「その人らしさ」は初対面のビジネスの場で求められることはありません。

服装や髪型もおしゃれすぎる必要はありません。装いすぎることが、場合によっては威圧感を与える可能性もあります。そこにあるべきは、清潔感とさわやかさです。

第二印象については、クライアントとはいくら打ちとけて仲良くなったとしても、〝き

ちんと感〟を崩さない線引きが大切になります。自分がゲストとして買い物などしていても、お店に何度も通ううちにまるで友人のように接してくださる店員さんもいますが、言葉づかいをフレンドリーにするのはやりすぎです。

お馴染みになったお客様とは仲良くなるけども、崩しすぎないラインを守りましょう。親近感を持ちつつも言葉づかいは丁寧さを守ることが、尊敬の意思を相手に伝えるいい方法です。

第二印象を制すると、相手はまたあなたに会いたくなる。

14
ハイエンドは周りを幸せにする

私はJALやTIFFANYで、数多くの素晴らしい方にお目にかかってきました。その時に気づいたのは、ハイエンド専門の担当者がつくようなお客様でも職種や家業によってお買い物のしかたやお好きなもの、言動の傾向が大きく異なることでした。

ブランドや企業からも大切にされるようなハイエンドとは、ただお金を持っているだけの人や、社長業をしているだけの人ではありません。「心の在り方」も超一流なのです。置かれている立場にあぐらをかくことなく、自分も幸せの思考をつけ、感性を磨きつづけ、さらに人を思いやる心を持っています。

この方々は**自分だけが満足するのではなく、側《そば》にいる人にも幸せになってほしいと願っています**。そして実際に、ステージを上がろうとする人に対して力を尽くされます。個人的な満足で終わらないところが、一般の方とは確実に違うのです。

ハイエンドは自分の満足だけを追い求めない。

15 ハイエンドが身につけている3つのルール

ハイエンドのお客様と接するなかで気づいたのは、必ず守っているルールがあることでした。これら3つのルールは忙しさやご自身の体調・気分にかかわらず守られ、そして私にもことあるごとに教えてくださっていました。

ハイエンド層から見て選びたい女性になる、また自分の質を上げるためにも、これからご紹介する3つのルールを意識して生活をしてみてください。

①余裕を持った人になる

「あれもこれもしないと！」と、必死になっている人には魅力がないと、何人もの方が言われていました。必死さは本人が隠そうとしても、出てしまうものです。

余裕のない姿は美しくありません。忙しい時や大変な時ほど、深呼吸して思い切って遊べるくらいの人間になりましょう。

「よく遊ぶこと」は成長のために大切だよ！　というフレーズも、よく聞いた言葉です。

②「見返りを求めず、与える人間になる

　超一流の方は、とにかく人に与えます。「自分も育ってくる過程で、目上の人に助けてもらったから」と恩送りをされるのです。自分の幸せを人におすそ分けすることで、また循環して戻ってきます。

　まったく傲慢さがないことも特徴でした。本当の富裕層は、自分がそうであることを口に出しません。さらに代々続くような家系では、みなさん質素で堅実です。上品にふるまい、必要な場所に与える美しさをお持ちでした。

③つきあう人、環境は自分との波長を大切にすること

　素敵な人の周りには、本当に素敵な人ばかりが集っていました。TIFFANY時代は、お客様から新しいお客様をご紹介していただくことも多かったのですが、信頼関係をもとに広がるご縁は、すばらしい方ばかりでした。

　ですから、居心地の悪いものや違和感を覚えるようなことからは、そっと距離をおくようにしましょう。そして、なぜ自分がそう感じたのか、知っておくことも大切です。

いつも気持ちに余裕を持って過ごし、見返りを求めないこと。

16

彼らはどんな女性を求めているのか

実際にハイエンドと結婚をされたりおつきあいをされたりしている女性を見ていると、男性の希望だけに沿っているようなおとなしい印象の女性は少ないことがわかります。ましてや、相手に依存しきっているような方はほとんどいませんでした。

ご主人が働き盛りの年齢である場合には、忙しくてほとんど家に帰れない、または帰っても寝に帰るだけといったケースも多いものです。そのような場合でも、奥様はおおらかに構え、日中は好きなことをして過ごされるなど自分の人生を謳歌している様子が伝わってきました。

超一流の方の妻となると、私たちが想像する以上にひとりだけで行動する場面や、夫の妻として単独でもお客様に会う場面が増えてきます。その時にしっかりと自分を持って、その時間を過ごしてほしいとご主人は考えておられます。

結婚相手として意識してもらいたい時には

結婚相手として意識されたいのであれば多くを語りすぎず、相手が気持ちよく話ができる空気感をつくってあげること。激務の時間を過ごして家に帰ってきても、相手の状況を読まずに自分のことしか話さない女性では、未来を一緒に歩むパートナーとして選ばれるのは難しいでしょう。どうしても気分のままに伝えてしまうという女性には、**日ごろから伝えたいことは感情のまま話さずに、どのような言葉を選べば伝わりやすいのか、コンパクトにまとめる習慣をつける**ことをおすすめしています。

超一流ともなると感情のコントロールに長けていますので、マイナスの気持ちをそのままぶつけてくる女性は苦手としている傾向にあります。とくに相手を傷つけるような言葉は、絶対に使ってはいけません。

男性はロジック的な考え方をすることが多いので、「無駄」が苦手です。これは日々のふるまいも、話し方にも共通すること。必要最低限で、シンプルに美しくみせること。これらを意識するだけでも、超一流から選ばれやすい女性に変わっていきます。

依存しない、感情コントロールのできる女性になる。

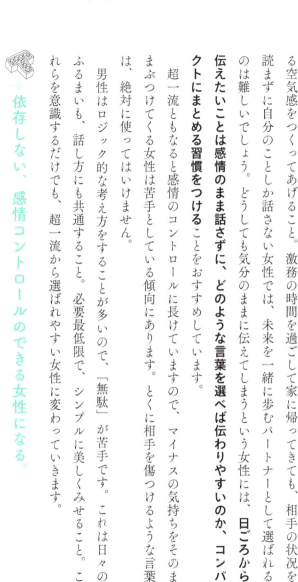

COLUMN

ハイエンドってどんな人たち？

ここからのページでは、私が超一流ハイエンドと接してきた経験をもとに、それぞれのタイプについての特徴と傾向をお伝えしていきます。この傾向の違いを知るだけでも、公私ともにハイエンドとのおつきあいがしやすくなります。

※ただし、あくまでも私の個人的な感想ですので、参考程度に留めておいてください。

不動産相続富裕層

- 一族や家系的に多くの土地を所有していて、それが代々に渡って財産として引きつがれてきたタイプ。
- 地主さんや、高度成長期からバブル期に不動産で財をなした方。本人にとっては生まれた時から実家が裕福であり、「生粋のお坊ちゃま」と呼ばれる人たち。
- 両親にも時間や精神的な余裕があるため、しっかりとした教育を受けておりマナーや品のよさが目立つ。
- 家系に歴史があるため、同じことをくり返すことが信用であると教育を受けてきている。そのため、枠を超えるようなことはほとんどせず、自ら決断することに慣れていない。

- 恋愛面に関しても華やかすぎる女性とは、家族の承認を得にくいためおつきあいを控える傾向がある。

二代目三代目経営者

- ご両親や祖父の代で、事業が成功し軌道にのったタイプ。
- 本人が生まれた時点では家庭は裕福で不動産相続裕福層に近いところもある。しかし、初代の苦労は見ていないことから、浪費家が多い傾向。
- お金は貯めるものではなく、使うものと考えている節がある。
- 自分の経験よりも理論を重んじるので、説明を受け納得できれば大きな投資もする。
- 同業者や同じ理想を持つ人を好むため、個人的なおつきあいの場合にはとくに、育ってきた境遇や環境が似ていること、生活する中での金銭的な考え方の違いがないことが好まれる。マナーは「当たり前」として存在している。
- 「決断」と「実行」は別物と考えている人が多く、いろいろなサポートを受けて育ってきたため、自分をサポートしてくれる古風な女性を好む傾向も。生粋のお嬢様を最終的に選ぶ人が多い。

一代成り上り富裕層

- 先にお金を貯めて、準備が整ってから動き出す傾向がある。
- とりまきの人が多く、周囲がイエスマンで固められている。そのため孤独感を抱えており、良い・悪いをはっきり言ってもらうと喜ぶ。
- 収入が一定ラインを超えると、急にお金を使いはじめる（事業をはじめたばかりの時期は、お金を使わないのでケチと思われることも）。
- 自分の力で成功を収めているため、自信を持っている。
- ドライな部分もありとても論理的なので、まわりくどい言い方よりもストレートに伝えてくれる人を好む。
- 時間をとても大事にしているので生産性のない話や、自分の時間を奪われることは極端に嫌う傾向。しかし、承認欲求は強いので、自分を認めてくれる女性を大事にする。

ベンチャー富裕層

- 投資をしてもらって事業をすることが前提のため、自分で購入するものについても大胆な投資思考がある。
- 考え方がドライで、人やモノ、品物に感情移入をあまりしない。手に入れた瞬間から、手放すタイミングをうかがっている。
- 派手にふるまうことが広告にもなると考え、消費に躊躇がない。
- 女性関係が派手になりがち。
- 財産がすべてなくなり、ゼロになってもなんとかなると思っている。
- 会社のお金もかなり派手に使う傾向がある。
- 成功した自分へご褒美としての、トロフィーワイフを迎える人もいる。

スペシャリスト富裕層

- 弁護士や医師、ライフプランナーなど、誰にでもなれるわけではない職種についている人。
- 自分の努力で現在の地位を築いているため、自信を持っている。ただし、それをひけらかさない人も多い。
- 実家も一般的ながら裕福な傾向にある（高めになりがちな子どもの学費に耐えられる財力がある）。
- ご両親がインテリである場合が多い。
- 自分に対する投資は惜しまない。「人は見た目が勝負」と考えているため、洋服や装飾品にお金をかける。
- 元手のかからない（形があるわけではない）商品を扱っていることから、お金の使い方が大胆。
- 女性に対しても、お金をかけることをいとわない。
- パートナーに対して、自分を認めてくれる包容力のある女性を求める。

高貴な生まれの人

- もともとは皇族であった家系や家族など、やんごとなき血筋を受け継いでいる人。
- 子どもの頃から、「あなたは特別である」と教育を受けている。
- 礼儀作法やマナーを厳しくしつけられているため、個人的に一緒に過ごす人には同じレベルを求める。
- 必要なものは常に揃っているため、かえって無駄にお金を使うことが少ない。
- 個人的におつきあいをする人は、厳選している。
- 上品さがキーになる。言葉づかい、ふるまい方はレベルが高いのが当たり前なため、違和感を与えると次はない。

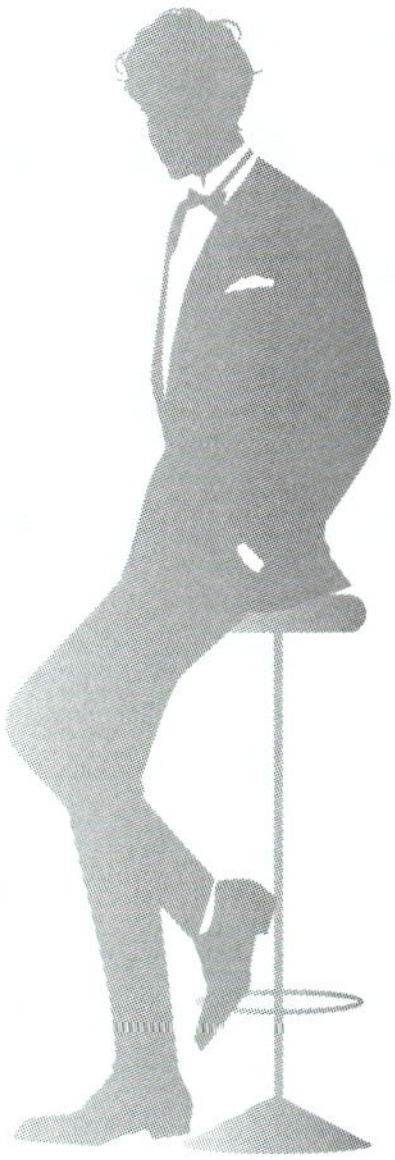

一流・二流と超一流の流儀

超一流といわれる方々は、普段のふるまいからその違いがわかります。もちろん、すべてに当てはまるわけではありませんが、どこがどう違うのか簡単にまとめてみました。

◆一流・二流	◆超一流
話を振られて、自分が主役になることが好き	相手を立てながら win-win の関係をつくるのが上手い
褒められるのが好き	褒めるのがうまい
ナンバーワンが好き	オンリーワンが好き
お金と権力をアピールしたい	目立ちなくなくても目立ってしまうオーラ
自分のいる世界が一番素晴らしいと思っている	どの世界にも合わせることができる（どの世界も認める）
目立つことが何よりも好き	空気を乱すことを嫌う（TPO をわきまえる）
全身ハイブランドずくめ	ハイブランドからファストファッションまでセンスよく取り入れる
ブランドはわかりやすいほうがいい	あまり気づかれないが超一流のものを好む
ものの扱いが雑なことがある。ものが多い	ものを大切に扱うので長持ちする。
お金の使い方は派手	質素・謙虚だが、大きな買い物は迷いがない。時間をお金で買う
自分はなんでも知っているというのが前提	自分の知らないことに貪欲
自分が一番であることが当たり前	誰に対しても対等
ハプニングが起きた時、意外に対処が大変なタイプが多い	怒りの振り幅が小さく冷静な判断力がある（人間力が素晴らしい）
批判の言葉が多い	感謝の言葉が多い

Lesson3
品格のある愛される女性になるために

01
オーラのつくり方

JALで働きはじめた時に、不思議に思ったことがあります。それは、素敵な女性たちが放つ「オーラ」の存在でした。彼女たちはたとえ素顔であっても、遠くからすぐに見つけられるほどのオーラを放っていたのです。

一流の方々に接していくうちに知ったのは、彼女たちは常に自信を持っているということでした。正確には、「自信があるようにふるまって」いるのです。

どんなに美しい人でも、仕事がどれだけ成功していようとも、心配や不安は誰もが持っています。それでもそんな気持ちは表に出さずに、余裕があるように微笑んでみせるのが共通した特徴でした。

彼女たちはただ不安を隠すだけでなく、見えない場所では気が遠くなるほどの努力を重ねています。不安な気持ちは、自分で積み重ねた経験で打ち消すしかないからです。

ある有名な、紅白歌合戦に37回も出場した経験がある女性歌手は、37回目の出場時でさえ手の震えが止まらず、立っていることさえままならなかったと語っていました。それでも本番を迎えてテレビに映る彼女は、悠然と笑っていました。きっとこれまでの経験たけが、気持ちのよりどころになっていたはずです。

自信が持てない時は、美容院でパワーチャージを

成長の過程では、自分の理想像を演じる必要も出てきます。そんな時に自分に自信が持てず他人ばかりが素敵に見えてしまうなら、ぜひ**ちょっと背伸びをした美容院**に行ってみましょう。美容師さんにはあなたの魅力を引き出してもらえるように、なりたいイメージを伝えておまかせで切ってもらってください。そうすることで、自信が自然に引き出される洗練された雰囲気が手に入ります。さらに**ヒールの高い靴をはいて、きちんとアイロンのかかった服を身にまといましょう**。

たったそれだけで、相手に与える印象が変わります。いくつかのポイントだけで凛とした印象になるのは、外見を整えながら備わっていく「覚悟」が、相手に伝わるからだと思います。

理想像を演じることで、オーラは磨かれていきます。

02

愛されたいなら依存しない

よくいわれることではありますが、男性は欲しいものを追いかけ、手に入れたい生き物です。私がJALやTIFFANYで見てきた限りでは、ハイエンドの方ほどその傾向が強いようでした。

さらに魅力的な男性ほど、女性から好意を向けられることにも慣れています。彼らは自分が価値あるものとして、異性の目に映ることを知っているのです。

いっときの恋人関係だけなら、女性の側からアプローチしても問題はないでしょう。けれどもお互いを認め合って長く時間を過ごす間柄になるためには、「憧れの女性を頑張って手に入れた」と感じてもらうことが必要です。

「今の奥さんに振り向いてもらいたくて、あんなことやこんなことをして……」とお話ししてくださったお客様たちは、いつまで経っても愛妻家でいらっしゃいました。

男性はいい印象を持った女性であっても、過剰に追いかけられると反射的に逃げたくなってしまうそうです。イメージは太陽と影。太陽に向かって走れば、影はついてきます。

逆に影を追いかけると逃げていく……。凛とし、依存しない太陽のような女性になると誓うのです。追いかけるための隙を見せるのは構いませんが、やりすぎないように注意しましょう。**すべて自分に合わせてくれる異性を見慣れている男性は、自由で凛としている女性がお好き**なようです。

依存する女性は、恋愛対象になりにくい

前にも書きましたが、ハイエンドの方たちは女性に依存されるのを嫌がります。

たしかに職業柄、結婚したら妻に働かないでほしいと話す方もそれなりにいました。しかしそれは、家の中におとなしく引きこもっていてほしいということではありません。むしろ、忙しい夫を支え、周りとのおつきあいを求められるので、妻としての立場を重視されているようでした。

彼らは仕事に集中するために、家庭のことは妻に任せたいと考えます。だからこそ、自分で責任をもってものごとを決められない女性とはおつきあいを控えようとするのです。


恋をしたら、追わない、依存しない、自由でいる。

03

小さな幸せを自分でつくってみる

今日一日で、幸せだなと感じたことは何回ありましたか？　これは着飾ってディナーに出かけるような特別なことではなくて、もっと毎日できるような小さな幸せのことです。

お気に入りのカップで出勤前にコーヒーを飲むのでもいいし、隣の部署にこっそり好みの男性を見つけておくのも、彼を見かけるたびに毎日が楽しくなりそうですね。そんな自分だけのささやかな幸せを、時間がある時にひとつずつ書き出してみてください。**小さな幸せをノートに書いた分だけ、満たされた気持ちになれるはず**です。

これまで見てきた愛される女性たちは、自分を上手に甘やかすことのできる人たちばかりでした。選ばれるのは他人から与えられる幸せを待つのではなく、自分でも幸せをつくれる人。自分の好みを知っておくことも、大切なたしなみです。

ささやかな幸せを自分でみつけるのは、大人のたしなみ。

04

負の感情と、どうつきあうか

「どうしてあの子は美人ではないのに、モテるのだろう？」「あの人はなぜ、結果を出してないのに評価されるの？」そう感じたことはありますか？

妬ましさは、自分と同等または少し下の存在と無意識に捉えていた相手にのみ抱く感情だといわれています。たしかにTVでスーパーモデルの生活を見ても、妬ましくてイライラしたりはしませんよね。

かくいう私も、JALを退職したばかりの頃は自信を失っていました。辞めたくて辞めたのにもかかわらず、明日はパリだ、ニューヨークだと言ってる同僚たちの活躍が眩《まぶ》しくて、どうして自分はこんなところにいるのだろうと落ちこんだ時期がありました。

もしも妬みを感じたら、まずその感情に向き合ってみることをおすすめしています。嫉妬の感情があることを認め、何に対してそう思ったのか考えてみてください。

あの子がモテることが気に障るなら、その裏に「私もモテたい」という欲求があるはずです。それなら「私の魅力を増やすにはどうしたらいいか」を考えて、実行してしまいましょう。妬ましさは、**絶好の成長チャンス**です。

比べる対象は合っていますか？

人と比べて落ち込んでしまうのは、視点を変えれば「自分の力を信じている」ということ。私だってできるはずなのにと思うからこそ、誰かと比較しては苦しさを感じるのです。

そんな自分を否定せずに、ひと呼吸してから自分に問いかけてほしい言葉があります。

「その相手は、本当に比べるべき対象ですか？」

本当に比べて目指すべきなのは、なりたい未来の自分像です。理想の自分と今を比べたら、何が足りないのでしょうか。目に見えやすい華やかさは、ときに本当の目的を忘れさせてしまうことがあります。心が乱れやすいと自覚がある時には、情報が無作為に流れてくるＳＮＳなどからはしばらく距離を置きましょう。

いつもの女子会も、愚痴や比較の場になりそうであれば、参加せずに自分をいたわる時間に使ったほうが、ずっと未来への投資になります。

嫉妬を感じたら、自分をアップグレードするチャンス。

05
たったの6秒でできる怒りのコントロール法

感情豊かで、情熱的な女性は美しいものです。ハイエンドの方たちも、愛情あふれる女性を好みます。彼らはご本人も穏やかで、感情コントロールが得意な方が多いのです。もともとおっとりされているのではなく、教養のひとつとして感情を爆発させない技術を学んで身につけられてきています。

怒りはピークの状態から、6秒しか持続できないといわれています。つまり、その6秒さえなんとか耐えることができたら、感情のままにひどい言葉を相手にぶつけてしまうこともなくなるのです。

この技術は「アンガーマネジメント」と呼ばれるもので、身につけると反射的についい怒ってしまうことがなくなります。人は興奮すると呼吸が浅くなってしまうので、気持ちが抑えられなくなったら深呼吸をしながら、6までゆっくり数をかぞえてみてください。

怒りは自分に盛る〝毒〟であることを心得ておく。

01

適度な運動は心の健康につながる

ほんの少し前までは、脂肪の存在がまったく感じられないほどの、細くて薄い体型が美しさの基準としてもてはやされていました。雑誌でもランウェイを歩くような体型のモデルさんがグラビアを飾っていて、「痩せているのがいいこと」だとされていたのです。

その後私たちにランやヨガの習慣が定着してくると、「ただ細いだけではなくて、健康的な体つきのほうが美しい」と基準が変わってきました。今では人気のモデルさんも、うっすら筋肉がつきながら女性らしい体つきをしている方がほとんどです。

最近では極度なダイエットをすることによって、気持ちが不安定になってしまうことがわかっているそうです。私も食事制限をするよりも仕事の合間を見ながら、トランポリンやホットヨガ、インナーマッスルトレーニングなどに行っています。**適度な運動は集中することによって気分転換にもなる**ので、日々忙しい女性にこそ持ってほしい習慣です。

品の良さやしなやかな心は、ヘルシーな身体にこそよく似合う。

02

バスタイムは身体をいたわり自分を褒める時間に

忙しいと、どうしてもシャワーで済ませてしまう方も多いかと思いますが、私は必ず湯船に浸かる時間を大切にしています。バスタイムは、自分のことだけを甘やかす時間。一日のなかで、**「よく頑張りました♡」とひたすら自分を褒めてあげることも必要**です。

私は気分をあげるために、ボディソープもたくさんの種類を揃えています。女性は沢山揃えると贅沢な気分になるものです。

一番のお気に入りは、SABONのシャワーオイル、Delicate Jasmineクレ・ド・ポーボーテのボディソープ、海外で必ず買い集めるVictoria's Secret、ハンドソープはTHANNやBath and Body Works、Aesopを使い分けています。

THANNは大阪のホテルに宿泊した際にバスアメニティとして使って以来、自宅でも利用するようになりました。アロマウッドの香りがお気に入りです。

バスタイムにはぜんぶ忘れて、自分を褒め甘やかしてあげる。

03

良質な睡眠を欠かさない

CAとして働いていた頃から、朝に出かける時点で必ずベッドメイキングをして外出しています。リネンはいつも上質なものを選んで清潔に、タオルもふかふかにしておく。世界各地のホテルに滞在すると、ベッドルームを中心に整えられた部屋がとても気持ちがいいことに気づかされます。それを日常に取り入れてしまうことで、帰宅してから過ごす時間が格段に変わるのです。なにより睡眠が良質なものになります。体調が悪い時やベストではない状態でも、一定のクオリティを維持するのが大人の流儀。だからこそ、**自分に必要な睡眠時間は必ず確保する**ようにしましょう。

ハイエンドの方は基本的に忙しい日々を送っていますが、精神的な余裕を持つためにも、よく眠るようにしていると話す人がほとんどです。加えて、女性の場合には、情緒を安定させ、肌や髪を美しく保つためにもぐっすりと眠る時間は絶対に大切にすべきです。

＋肌や髪・気持ちを美しく保つために、質のいい睡眠を確保すること。

04
首が美しいと若く見える

友人の結婚式で同じ年齢の女友達と集まった時に、「みんなお手入れもしっかりしていてキレイ」と思ったのもつかの間、首元からデコルテに視線を移して唖然としたことがありました。隠しきれない年齢は、ここに出るのか……とほろ酔い気分もすっかり冷めたほど。それからというもの、私は徹底して首すじとデコルテのケアをするようになりました。

ちなみに、ハイエンドの奥様方は、それらのパーツが大切になるドレスや着物を着慣れていることもあって、顔と同じように美しい肌を保っている方が多い印象です。

首やデコルテは顔に近いので、手入れをしている肌と何もしていない場所との差異が目につきやすく、首にシワがある場合などはよけいに年齢を感じさせてしまいます。この部分へのお手入れは、定期的なスクラブと入念な保湿がマスト。私は週に二回はスクラブをかけ、たっぷり保湿をしています。

年齢は首に現れるので、定期的なケアを。

05

美しく見える姿勢とは

「品よく美しくなるために、まず何からはじめたらいいでしょうか？」

そう聞かれた時には**「まず正しい姿勢にすること」**と答えています。どれほど高価で貴重なジュエリーをつけたとしても、だらしない姿勢では本来の輝きを失ってしまいます。

反対に、天井から吊られているかのように背すじを伸ばして歩く女性は、シンプルなTシャツにデニムでも凛として美しく見えます。街中に正しい姿勢をしている人が少ないため、ただ自分が座り方や立ち方を整えるだけで、とび抜けて品がよく見えるのです。

代々続く一流の家庭で育ったハイエンドの方に、姿勢の悪い人はまずいません。幼い頃から、テーブルマナーなどと同じように無意識のうちに崩れた姿勢になることがないようご両親から教育されているからです。

だからこそ、彼らは姿勢の悪い女性を極端に嫌う傾向があります。とはいえ、逆に考えれば姿勢さえ気をつければ、まず第一のチェックポイントはクリアできることになります。

レストランでのマナー以上に、気を抜いたときに姿勢が崩れないように注意しましょう。

背中を丸めると、オーラが消える

電車に乗っている時に、ふと車窓に映る自分の姿を見たことがありますか？　スマートフォンを操作している人の多くは、背中が丸まりあごをつき出す姿勢になっています。また、なかにはスカートをはいているのに、膝を閉じずに脚が開いている人もいます。

モデルのように美しい人でも、背中を丸めた瞬間にオーラは放たれなくなります。そうならないためにも、**座席には浅く腰掛けて、背中にまっすぐのラインを通すことを意識する**ようにしましょう。パンツスタイルでも、脚は揃えて座ってください。

正しい姿勢を保つには腹筋も必要なので、はじめは疲れるかもしれません。けれども、姿勢のキープに慣れると、常にオーラをまとえるようになります。

姿勢を正すとウエストや背中がシェイプアップするという副産物も得られます。

06 いつも見られている意識を持つ

何もしなくても、自然とキレイな姿勢でいることを続けられる魔法があります。それは、**「いつも見られていると思う」**こと。仕事場や外出先はもちろん、自宅などプライベートのスペースでも同様です。

外にいる時だけ装っている意識を持つと、ふと気が抜けた時に必ず素の自分が出てきてしまいます。そして、自宅でだらけた姿勢をしている女性は、外出時にいくら姿勢をただしても、見る人が見れば無理をしていることがわかってしまうものです。

「私は素敵な、品のある女性である」と認識して、そうではない女性がとるような所作を控えましょう。椅子に座った時、待ち合わせの時、電車の座席で、あなたのイメージの中の「素敵な女性」はどんなたたずまいでいますか？　そのイメージをそっくりそのまま自分の行動とすることで、簡単に人目をひく印象美人になることができます。

レストランやカフェで気をつけたい姿勢

仕事での会食、女子会、デートでのレストランやカフェで時間を過ごす時には以下のポイントに注意するだけで、相手にいい印象を与えることができます。

- 机からこぶしひとつぶん体を離す（テーブルに体が触れない）。
- 椅子には浅く腰掛ける。
- 食事やお喋りに夢中になって、前傾姿勢にならないよう注意する。
- 食事中でも、基本的には「天井から頭を吊られているイメージ」で姿勢をキープ。

姿勢についてのレクチャーをすると、「緊張して姿勢をキープすると疲れてしまいそう」との感想を聞くことがありますが、正しい姿勢に慣れると、そこまでの体力や緊張はいらなくなるので心配は無用です。だらけた姿勢になれば違和感を覚えるし、周りから「姿勢のいい、雰囲気が素敵な人」と見られることに慣れると、意識しなくても背筋が伸びるようになります。

姿勢を正すだけで、あなたは何倍も美しく見えます。

07

香りを大切に

あなたは、香りを身につけていますか？　忙しくなると最低限のメイクが精一杯で、フレグランス（香料）にまで気が回らなくなってしまうことが多いかもしれません。しかしそんな時こそ、集中やリフレッシュのために香りを取り入れるようにしましょう。

私はパソコンに向かっている時には、ｕｋａのネイルオイル24：45を手元に置いています。ロールタイプなのでふと手が止まった時にすぐ使え、ラベンダーとバニラの香りで癒やされます。自宅の部屋ではペパーミント系の香を焚き、香水も普段のビジネス用、寝る前のリラックスタイム、気合を入れたい日、女性らしくいたい日とでそれぞれ変えて、スイッチを切り替えています。

女性は好きな香りに囲まれるだけでテンションが上がるので、気分転換のための時間がとれない時や優しい気持ちになれない時などに、自分の好きな香りを身につける習慣を持ってはいかがでしょうか。やがて、**その香りがあなたの印象をつくってくれます**。

忙しい時ほど、香りを味方にしましょう。

08 美意識は「先端」に現れる

女性らしさは、「先端」に表れます。先端とは次の箇所を指します。

・指先……乾燥していませんか？　爪の状態で清潔感を判断される場所でもあります。
・足先……ペディキュアとかかとの状態は？　向きや方向を揃える意識をしましょう。
・毛先……髪色・髪型にかかわらず、パサついていると手をかけていない印象に。
・語尾……大人なら語尾を伸ばさない。相手にどう聞こえているかを意識してください。

とにかく、**「先端は揃える」。これを意識するだけでも、瞬時にエレガントに見えるようになります。**CA時代、私がまず徹底して指導されたのが指先を揃える手の使い方でした。CA＝美人のイメージは、実はこの指先の印象が大きな割合を占めているのです。

毛先は日頃からトリートメントやオイルを使った手入れが必須です。髪のツヤ感は見た目の「幸福感」につながるので、定期的にヘアサロンでメンテナンスをしましょう。

先端への美意識が、目に見える美しさになります。

09

部屋に花を欠かさない

私は数多くのラグジュアリーな空間に出入りをしてきました。そこで印象的だったのは、どれだけ無機質でシンプルな空間であっても、その多くには**花が飾られていた**ことです。ハイエンドの男性は、花が好きな人が多いのが特徴です。細かに花の名前を知っているというわけではありませんが、上質な空間に滞在することが多いからでしょうか、生花が飾られている空間そのものを気に入っていることが多いようです。ジュエリーを納めに伺ったご自宅でも、やはり季節ごとの花がさりげなく生けられていました。

そのような場所に立ち入ることが増え、私も自然と部屋に花を飾ることが習慣になりました。花を飾るのであれば、その部屋は清潔でないと美しく見えませんし、枯らすことのないようにこまめな水の取り替えなどの手入れが必要になります。つまり、花を飾るということは、空間を美しく保ち、花の世話をする時間や心のゆとりも必要になるのです。

花を飾れるのは、身の周りが美しく心にゆとりがある証。

10 肌のお手入れは丁寧に

顧客であったハイエンドの奥様たちとお目にかかるうちに、いくつかの共通点に気づきました。そのひとつが、「**肌に艶があること**」です。彼女たちは年齢にかかわりなく、ツヤツヤとした肌と髪を持っていました。

たくさんの女性を見ているうちに、**肌や髪の艶感は幸福の象徴である**ことに気がつきました。肌が潤っていないとジュエリーの輝きに負けてしまい、その方らしさが表に出てきません。しかし、血色よく美しい肌を持ってさえいれば、何歳であってもジュエリーによってより華やかに見せることができるのです。髪についても同じで、毛先が乾燥していては、髪型はどれだけ整っていたとしても年齢を感じさせてしまう原因になります。

装い慣れている女性たちは、艶感を出す方法を知っています。リキッドやクリームタイプのファンデーションやハイライト、チークなどでより透明感のある肌を演出するのです。

肌のツヤ感は、幸福感の象徴になります。

01

ハイエンド流、成長志向のススメ

超一流の方たちは、「自分がどうありたいか」を詳細までしっかりと考え、定めています。そして、ことあるごとにそれを行動の指針として振り返り、ものごとを判断する基準にしていました。

「自分の人生は、自分でつくることができる」

これがハイエンドのお客様に長い間接してきて、背中で教えていただき、また心から実感できたことです。自分がどうありたいか、**女性としてどんな人になりたいか明確にイメージできさえすれば、誰だって望むままの姿に成長できる**のです。具体的な想像すらできないうちは成長できません。なぜなら、未来は願ったようにしか展開しないからです。

心地のいい場所（心理学用語でコンフォートゾーンと言います）から離れると、はじめはストレスや不安を感じるかもしれません。しかし、成長したいと思うなら多少の痛みは引き受けましょう。本当の意味で、自分を傷つけることができるのは自分だけなのです。

＋なりたい自分を思い描いて、成長する覚悟を決めましょう。

02

自分の知らない世界があることを知る

本書で紹介してきた超一流の習慣や考え方への反応は、二通りに分かれるでしょう。

「私には関係のない、遠い世界の話だった」

「これまで知らない世界だったけれど、楽しそう！」

あなたはどんな感想を抱きますか？　この世界にふさわしい女性になれるかは、あなたの受け取り方次第です。後者の反応は、頭の中で自分がドレスを着ているイメージができる人。ここまで読み進めた方は、きっとそれをいかに実行するか考えていることでしょう。

一流の方ほど、若い頃に目上の方に可愛がられて育ってきたため、恩送りとして、信頼した人には「新しい世界を見せて、新しい経験をさせてあげたい」と考えています。

だから、**必要なのは自分の知らない世界があることを知って、可能性にワクワクすること**。とびきりのお礼をしっかり伝えられるようになるだけでいいのです。

知らないことへの受け取り方ひとつで、未来が変わる。

03

最高の体験をしに行く

予定のない休日は、どんな過ごし方をしていますか？　自宅でのんびりしたり、気のおけない女友達と女子会をしたり……。仕事などの緊張する場から離れて、リラックスできる時間はとても大切です。けれどもできることなら、何度かの休日のうち一回くらいは、背筋がピンと伸びるような場所に足を運んでみてください。

たとえば少し疲れがたまっていると感じたら、高級ホテルのスパに行ってみましょう。はじめは、疲れをとるどころか緊張してしまうかもしれません。それでも実際に足を踏みいれて施術がはじまると、満ちたりた気分に包まれ、不安なんて吹きとんでいるはずです。

普段身につけているものより、少しランクが高いものを扱っているジュエリーショップに行ってみるのもいいですね。お店に入ったからといって、必ず買わなければいけないわけではありません。気に入ったものがあったら、お店の人に頼んで試着させてもらいましょう。鏡に映る素敵なジュエリーを身につけたあなたは、素敵な笑顔で微笑んでいるのではないでしょうか。

最高のサービスや品質を提供している場所に行くのは、だれでも慣れるまでは緊張します。私がこれらをおすすめする理由は、**たった一回の体験でも、行く前と行った後では、見える世界が変わってくる**からです。女性にとって適度な背伸びは、成長のために必要なスパイスであると考えています。

紹介してもらうか、きちんと予約を入れていく

一定のレベル以上のスパやレストランなどに行く時は、あらかじめ予約をしてから行きましょう。そのような場所では、当日ふらりと来た一見さんと、あらかじめ約束をしてから来てくれた「顧客」では対応が異なるのが普通です。

また、会員制の場所でなくても、お友達がすでに顧客であった場合には、紹介をしてもらうとお店側でも安心して迎え入れてくれます。直営店やホテル、百貨店など、その場所の雰囲気に合わせた服装で訪れることも、ゲストとして大切にしてもらうためのポイントです。

良質なサービスを受けることは成長の助けになります。

04

服装を見直してみる

「人の印象は6秒で決まる」という言葉を聞いたことはありますか?

これはメラビアンの法則と呼ばれているもので、人は初対面の6秒間で外見の印象で「その人」を判断してしまうことを表しています。

JALやTIFFANYで働いていた頃には、この間にお客様を不快な気持ちにさせないよう、厳しく指導を受けてきました。たとえばネイルをした指先は女性らしくてとても素敵ですが、カラーによっては好き嫌いが生まれます。デコラティブなデザインは、年齢層や性別によって好みが分かれてしまうかもしれません。だからこそ、好みが分かれにくい、ピンクやベージュが推奨されていました。

そんなことに考慮しつつ、1年後になりたい自分像を意識しながらクローゼットを開けてみてください。いま並んでいる服たちは、未来のあなたにふさわしいものでしょうか?

女性は身につけているモノによって洗練され、意識が変わってきます。はじめは多少、服のオーラに負けていたっていいのです。その服を着るのに慣れるうちに自分の魅力が引き出されていきます。

自分の身体のサイズ感を知る

服を選ぶ基準は今の自分に似合う服ではなく、なりたい自分が似合う服を選ぶこと。現状で似合うだけでは、そこから成長できません。そして、これが大切なのですが、洋服を選ぶ際にもっとも大切なのは、ブランドでもトレンドでもなく「**サイズが合っているかどうか**」です。きつすぎず、ゆるくもなく、サイズのぴったり合った服を着ているということは、自分の身体のサイズ感を熟知しているということ、そして、ある程度それを維持する自己管理ができているということでもあります。

お店で選ぶ際には必ず試着すること、そして着替えてすぐにジャッジしないことです。着慣れない服に袖を通した瞬間は、少し背伸びをした自分に違和感があるかもしれません。試着したら鏡の前で1~2分だけ待ってみてください。見慣れるのはもちろんのこと、その頃には服の持つパワーによって一番魅力的なあなたがそこにいるはずです。

洋服の持つオーラが、女性をさらに引き上げる。

05

一流の教養を身につける

私は、ハイエンド担当のメンバーに選抜されてから、意識して「教養」を身につけるための時間をとるようになりました。**サザビーズやクリスティーズなど海外のオークションや株、不動産、税金の知識、そして古典芸能や絵画の鑑賞**マナーについてなどです。

教養は仕事の場で即戦力にはならないかもしれませんし、その知識を披露する機会すらないかもしれません。それでも、彼らが何に興味を持ち、どのような趣味を楽しんでいるのかを知ることができるので、学んでおく価値は十分にあると考えています。ハイエンドチームでも、担当者の間で情報交換をしながらスキルアップを目指していました。

そして、きちんと学ぼうとしている姿勢があると判断をされると、ハイエンドの方たちは長年かけて身につけた知識を惜しみなく与えてくださりました。自分には学ぶチャンスがあったのだからと、積極的に若い世代へ知識と体験を引き継ごうとされているようで、またとないコミュニケーションの機会を得ることができたのです。

教養を身につけることは、お近づきのキッカケにもなる。

06 身にまとう空気感・雰囲気を磨く

たとえば品のない言葉を、意識的に一週間使い続けたとしたらどうなると思いますか？脳は錯覚を起こし、やがてあなたの人相は変わり出します。言葉だけではなく行動や動きも雑になり、周りからの扱いも一気に変わってしまうことでしょう。

反対に、良い環境や良い扱いを受けたいならどうなるでしょう。言葉を整え、それにともなう行動をするようになります。**ただ発する言葉を変えるだけで、雰囲気は洗練され身にまとう空気感がガラリと変わります。**

女性は、自分さえ本気になれば、どのような場所でも誰にも引けを取らないほどに美しくなれます。自分を変えたければ、「大人の女になる」と覚悟してください。いつか誰かが選んでくれるのを待つのではなく、主導的に「選ばれる女性」になる。自分の人生の選択権は自分で持ち、選んでほしい人に選ばれる人生を送ってほしいと思います。

空気感を磨いて、「あなたでないとダメ」なオーラを身につける。

07

愛の連鎖・笑顔の連鎖・優しさの連鎖

ハイエンドには、実によく笑われる方が多くいらっしゃいました。会社の決算期だろうと経営の問題が山場を抱えていようと、普段通りの笑顔で人と接しておられるのです。

とある経営者から、「高野さん、鈍感さを持つのも大事なことだよ」と教えていただいたことがあります。若い頃は研ぎ澄ますばかりがいいことだと考えていたのですが、そのあとの説明を受けようやく腑に落ちました。

「我々は、大きなリスクを抱えてビジネスをしている。瞬時に決断をしないといけないこともある。けれども、生きていたらいろいろなことがあって当然だよ。ちょっとしたことを気にしていたら体が持たないから、笑いとばしてしまうことにしているんだ」

そうおっしゃって大笑いしている姿を見て、当時の悩み事が吹き飛んだのを覚えています。人気があって、仕事ができるから人がついていくのではありません。笑顔ですべてを切り抜ける覚悟を持っているからこそ、人はついて行くのだと実感した瞬間でした。

少しくらいの困難は、余裕の美学で切り抜けよう。

08 おかげさまの効果

女性へセミナーをする時に、よくお話することがあります。それは「無駄な謙虚さは必要ない」ということ。必要以上の謙遜さはマイナスの印象しか与えません。

仕事ぶりや実績を褒められた場合、必要以上に謙虚な対応をしてしまうことが多く見受けられます。この時に「私なんてたいしたことありません」と、口にしていませんか？

そう返されると、せっかく褒めた人は気分を害してしまうかもしれません。

私が見てきた一流の方たちは、「ありがとうございます。みなさまのおかげです」と気持ちよく言葉を受け止めて、「**おかげさまで**」と続けていました。さらに「〇〇さんから、以前教えてもらったことです」と他の人を立てると、よりスマートです。

男性が服装や容姿を褒めてくれたならなおのこと、「私なんて」は絶対にダメ。笑顔でお礼を伝えることが、印象アップの秘訣になります。

「おかげさま」の言葉が、あなたのステージを上げてくれます。

01

効果的な言葉づかいは、あなたの付加価値になる

お客様との会話はもちろん、日常から口にする言葉にも、私は最大限の注意を払ってきました。「正しい言葉づかいができる」ことは、どこに出ても、誰と会っても恥ずかしくない会話ができることになるので、とくにハイエンドからの信頼を得やすくなります。

彼らは信頼ができる担当者を紹介し合うことが多いため、丁寧な言葉づかいができるスタッフと出会うと、大切に関係を保とうとしてくれます。ここでは、「敬語」と「クッション」言葉について、とくに気をつけるべきことをまとめてみました。

敬語……使うことで相手を立てることができます。よく方言でついつい馴れ馴れしい言葉を使う方もいますが、ビジネス以外での初対面でもタメ口は嫌う人もいるので要注意。正しい敬語が使えるのは大人の女性の常識です。

なお、注意したい敬語は次のような「二重敬語」です。

- **おっしゃられていました↓おっしゃっていました**

・**お帰りになられました↓お帰りになりました**
・**お越しになられました↓お越しになりました**　など。

また、うっかり使いがちですが「了解しました」ではなく「承知いたしました」「かしこまりました」が丁寧な言い方です。お取引先の方や上司に使っていませんか？　その他にも、気になるのが「〜のほう」という言い方。これだけでとても残念な印象になります。

・**こちらのほうにご記入ください↓こちらにご記入ください**

クッション言葉……その後に続く言葉の印象を柔らかくしてくれる言葉。これらの言葉は、相手に距離感を与えることもあるので、相手との関係によって使い分けましょう。

・**お差し支えなければ**　・**あいにく**
・**恐縮ですが**　・**お手数をおかけいたしますが**
・**恐れ入りますが**　など。

そのほかに注意していることに、「**マイナス言葉**」は普段から使わないことにしています。マイナス言葉とは「**でも**」「**だって**」や、「**疲れた**」「**暑い**」などのマイナスな気持ちを表す言葉で、女性はつい口にしやすいようです。

さらに、もうひとつ注意したいことがあります。それは、**愚痴や悪口への賛同を求められても、絶対に乗ってはいけない**ということ。悪口は直接言わなくても、うっかり賛同してしまうことで「あの人が◯◯さんを悪く言っていたよ」などといった内容の噂が出てしまうかもしれません。当然ですが、自分から言う悪口は、「立場が変われば、この人は私のこともまた悪く言うだろう」と思われてしまうのでもっての外です。

言葉の魔法で、相手の心をつかむ

誰にでも簡単にできて、相手の心に残る魔法の言葉があります。それは、何かを紹介してもらったりした際に、会話に「私」を入れること。たとえば、

「先日、教えていただいたお店に行ってきました。とっても美味しかったです！　私は◯◯のお料理がとくに好きでした」

などと、会話のなかに「私」が入ると、相手のイメージにあなたがその料理を食べている様子が浮かぶことになります。

一度いい印象をつけることができれば、強固な信頼関係を築くことができるはずです。

美しい言葉づかいは競合相手から飛び抜けるツールになる。

02 エレベーターでわかるあなたの品性

エレベーターは知らない者同士が同じ空間にいるという状況で乗ることが多い乗り物です。そして、こういう場所だからこそ、感性や品性がわかってしまいます。階数を押すボタンの近くにいるのにそそくさと降りてしまう。そんな方、見かけませんか？

エレベーターを例にあげていますが、無意識に行ってしまう行動をなくし、日常のすべてを意識して行うことが、他人から見た時に品よく美しく見えるコツです。

自分がボタンの前にいるなら、先にほかの人を降ろしてあげる。男性と一緒であれば、（レディーファーストが身についている方は）ドアを開けるボタンを押して先に通してくださるはずです。**「ありがとうございます」とにっこり会釈をしてスマートに降りましょう。**

プラスαのお礼をどれだけ自然で優雅に伝えられるかで、エスコートされ慣れているかが見えてきます。「私は女優」と自分に言い聞かせ、今日から挑戦してみましょう。

毎日のささやかな積み重ねで品性は磨かれます。

03

エレガント・マナーレッスン

エレガントなマナーは、一度身につけると「女性であること」を楽しむためのツールになります。これは流行によって変わるものではなく、基本的にどこの国でも通用します。

さらに、マナーを心得ているかどうかで、レストランやカフェでは通していただける席が変わることもあります。ハイエンドの方たちは多少マナーから外れたからといって注意をするようなことはしませんが（注意をしないことが、マナーだからです）、あなたがどう動いているのかはチェックしています。

ここではレストランで今すぐにできる、ピンポイントのマナーをいくつかお伝えします。今日から覚えてさっそく使ってみてください。

●クロークやレストランで上着、コートを預ける時

上着は軽く折りたたんで、丁寧に渡します。両手で大切に扱うことで、あなた自身が大切に扱われるべき人として映ります。上着などを雑に扱っていると、ほかの物もぞんざい

に扱っているように見えてしまうので注意しましょう。ストールやマフラーがある場合には、内側から袖の部分に入れてバラバラになりにくい状態で渡すとスマートです。

●エスコート慣れしましょう

入店は、男性が先。お店の方が席まで案内してくださる際は、お店の方、女性、男性の順で。席に着いたらお店の方が椅子を引いてくれるので、基本は左から椅子に掛けます。この時のポイントは、スマートさです。

●食事中は猫背に注意

猫背で食事をするのは、エレガントとはもっとも遠い姿です。会話が弾むと無意識に前傾姿勢になってしまいがちですので、常に意識的に姿勢を直す習慣をつけましょう。

これらはほんのさわりですが、ひとつを改善することでふるまいが全体的に整えられていきます。素敵な場所を楽しみながら、いつ見ても品がある、どこに連れていっても恥ずかしくない女性になりましょう。

エレガントなマナーは、女性の価値を高めてくれます。

04

ジュエリーは少し背伸びしたものを身につける

私は「どんなジュエリーを選んだらいいのでしょうか?」と質問を受けた時には、**少し背伸びした印象のものを選ぶこと**をおすすめしています。

きっと、何も気にせずにお店に行った場合には、普段づかいしやすい、どんな服にも合うシンプルなジュエリーを選ぶ方が多いでしょう。もちろんそういった、いつでも気がねなくつけられるアクセサリーは素敵です。けれども、この本をここまで読んでくださったあなたは、今の自分ではつけるのに少し勇気がいるものに挑戦してみてください。

ジュエリーの力で、なりたい自分になる方法

テーマは、「なりたい未来のあなたがつけているジュエリー」です。少し背伸びしたジュエリーは、これまで毎日着ていた洋服では、少し浮いてしまうかもしれません。慣れるまでは、鏡で姿を見ることさえ緊張することでしょう。それがジュエリーの持つ力です。

日常で身につけることで、少し緊張してしまう、今はそれで構いません。これからほんのわずかな時間で、背伸びをしたはずの未来に連れて行ってくれます。

ジュエリーの輝きに負けているような気持ちになるのは、ごく最初のうちだけです。何度も身につけているうちに、なぜか不思議と同じレベルの他のジュエリーもしっくりと似合う自分になっていくのです。

私はTIFFANYで、そんな魔法を毎日のように見てきました。最初はおずおずと自信なさげにしていた女性たちが、たちまち光り輝く笑顔に変わるのです。**ちょっとした背伸びは、女性の自信を引き出してくれる**もの。

自分らしさを引き出してチャーミングに笑える女性は、仕事でもプライベートの恋愛の場でも愛されます。それは、ハイエンドでも同じこと。自分の可能性にふたをしない女性は、よりハイエンドたちに好感を持って迎えられるでしょう。

素敵なジュエリーだけが見せてくれる未来があります。

05 女性らしさのつくり方

働いて素晴らしい成績を残している、いわゆる「バリキャリ」とよばれている女性たちがいます。そのような人たちと話していると、とくに男性に対して、甘えることができない」「仕事で成果を出そうと頑張っているためか、人に頼れない」と悩みを打ち明けてくださることが多いのです。

仕事とプライベートで切り分けができればいいのは自分でもわかっているけれど、私生活でも働く自分を引きずってしまい、可愛くなれないことに悩んでいる女性の多いこと！

そんな女性たちにお伝えしたいのは、まず甘えられないのもひとつの個性です。そこはそのまま、認めてしまいましょう。そして、あなたのままでいていいので、プライベートで使う言葉を少しだけ変えてみましょう。

あなたの可愛らしさを引き出す、特別な言葉

意中の男性と一緒にいて、楽しかったら「楽しいね」、何かをしてもらったら、「嬉しい」と思ったことをそのまま伝えましょう。それだけであなたの印象はだいぶ変わります。ご飯を食べる時にも「一緒に食べると美味しいね」とにっこり言えたら完璧です。あなたの性格を変える必要は、まったくありません。使う言葉をほんの少し変えるだけです。

恥ずかしくてそんなことは言えない！　と思ったなら、これらの言葉を簡単に言えている自分を〝演じて〟みてください。何度か試しているうちに気持ちを表すことに慣れてきて、このくらいの言葉は必ず誰にでも言えるようになります。

気づいたころには、意識しなくても自分でアレンジして気持ちを伝えられるようになっているはず。**感じたことを素直に伝えられる可愛げは、人から愛されるチャームポイントになります。**

それでもまだ言えない！　と悩んでしまったら、毎回ひと言だけでも一緒にいる間に前向きな気持ちを伝えることにチャレンジしてみましょう。

「景色がキレイだね」「映画楽しかったね」など、たくさんのきっかけがあるはず。身の周りのできごとを、自分を引き立たせる言葉に変換させてしまってください。

目にしたもののすべてが、あなたを引き立てるキーワードになります。

06 ハイエンドが選ぶ女性に共通していること

ここで、私が見てきた、ハイエンドに選ばれた女性たちの特徴について、お話ししましょう。まず第一に、艶っぽいイメージの女性が多かったと記憶しています。生粋の美人ももちろんいましたが、メイクでも潤いや艶感をつくり出している、どちらかというと「魅せ方」がうまい方が好かれていた印象です。

さらに、髪型にも一般女性にはない共通点がありました。巷の女性たちとの一番の違いは、髪の分け目が見えないこと。分け目がはっきりペタッとした髪型の人は皆無で、トップ部分や後頭部をふんわりとセットさせていることが特徴でした。これは伸ばしっぱなしの髪ではできないので、こまめに美容室で担当者にメンテナンスをしてもらっていること、自分でもセットに手をかけていることを表しています。普段から固定の美容師さんを担当につけて、自分が一番美しく見える「プロの髪型」を手に入れているのです。

また、インテリアやファッション、メイクなど何に関しても感度が非常に高いことも特徴です。そして、顧客として担当者に愛される術を心得ていて、それぞれの担当者から

「あか抜けさせたい」「変身させたい」とか、さらには「ビジネスを超えて、この人のために伝えてあげたい」とまで思わせる魅力を持っていました。

男性への接し方はサバサバしている

巷の本に書かれているような、男性に甘えてみせるようないかにもなお嬢様タイプは、あまりいませんでした。どちらかというと、物事をはっきり言うようなサバサバした女性が多いと思います。

そのうえで、男性を立てるべき時にはしっかりと立てるのです。**それぞれ得意分野があって、お互いを補うような関係を築いている**ということでしょう。私が見ていた限りでは、お互いが自立して人生を楽しんでいて、相手に依存している人はいませんでした。

まるで「それぞれの世界観を持った大人たち」といった雰囲気で、仕事でハイエンド対応をはじめたばかりの頃、自分には大きな衝撃でした。

ハイエンドが選ぶ女性は必要であれば男性を立てるが依存はしない。

07

時間を奪う人が選ばれない理由

女性同士でランチをして、お茶をして気づけばもう夕方……女子会の流れでこんな一日の過ごし方をしている人も多いのではないでしょうか。

お互いが納得づくであれば楽しい時間です。けれども、超一流は、間違いなく自己管理・時間管理が得意な人たち。話が弾みすぎて離れたくないというのであればいざ知らず、長話で相手の時間を消費させてしまうようなことがあれば、二回目のお誘いがかかることはありません。

忙しい彼らは、**自分の時間を大切にします。だからこそ、他人の時間も大切に扱うのです。時間はお金をどれだけ払っても買えない**もの。ですから、時間を平気で奪ったり消費させたりする女性が選ばれることはまずないと考えていいでしょう。時間の大切さに気づけないなら、ほかの部分で気を利かせられるはずがないと思われます。忙しい自分のフォローを願う男性が求めるのは、限られた時間を確保しておいてくれる女性なのです。

相手に時間を浪費させる女性になってはいけません。

08

余裕、余韻、余白の美学

最後に改めてお伝えしたいのは、ハイエンドとはただお金を持っている人を指すのではないということです。本物のハイエンドたちは、実はとても質素で謙虚です。大きな金額を使うことはありますが、必要なものに使われ、物をとても長く大切にされています。にわかにお金を手にした人のように、高級品を使い捨てにするようなことは決してしません。

このような行動は、お金を大切にされていることでもあり、傲慢さは恥ずかしいと認識されていることも理由のひとつです。なによりも「信用・信頼」は、お金に代えられないということを知っておられるのでしょう。

彼らは**心や時間に余裕を持つことにこそ、価値がある**と心得ています。そんな人たちとともに時間を過ごすなら、絶対にせっかちであってはいけません。話し方、ふるまい、考え方、印象にまで気を配って余韻を残す女性であってほしいと思います。

ハイエンドに選ばれる、余裕を持った美しい女性であれ。

おわりに

最後までお読みいただきありがとうございました。
どのような感想を持ってくださったでしょうか？

私の人生は実績や経歴だけ見るととても華やかに見えるかもしれません。しかし振り返ると良いことばかりではなく失敗したこともとても多いのです。多くの方が直面している悩みと同じようにもがき苦しみ、モヤモヤしながら生きていた時代もあります。

長年女性の世界で生きてきた中で、多くの女性が悩み苦しむ姿も見てきましたが、たいていの場合、生きにくくしていたのは自分自身です。人生はいつだって自分で決めることができるのです。

本書の中で何度か出てきた言葉があります。

「覚悟」

自分の人生を生きるということ、大人の女性になると決めること。自分が決めないと、思うような人生は歩むことはできません。

私がハイエンドの方々に教わってきたこと。それは「在り方」です。

ＩＴの時代であっても、やはり人と人との関わりは心でつながっています。たったひと言で印象も変わり、そしてたったひと言によって人生が動かされることもあります。

本書をお読みいただいたみなさんに一番に伝えたいのは、今、自信がなくても、今、完璧でなくてもいい、小さなステップを踏みながら、本物のダイヤモンドになっていけばいいということです。

当たり前のことを、心を込めて丁寧にすること、他者への敬意を忘れないこと、自分の感情のコントロール術を探ること。一つひとつやっていきましょう。

自分の個性を認め大切にするということは他者の個性も認めるということです。

他の誰かになる必要はなく、比較する必要もありません。

人生は彫刻です。無駄なもの、余計な感情を排除し彫刻のように自分にとっての本質的なものを残しましょう。選ばれるということは、テクニックではありません。人が心を動かされるのは、やはり相手の「心」なのです。

本書がみなさんにとって「選ばれ続ける女性」としてのステップになることを願っています。そして、みなさんが今後は多くの女性のロールモデルとなることを願っています。


最後になりましたが、本書をつくるにあたり、ご縁をくださり構成・企画をしてくださった小松田久美さん、飛鳥新社の池上直哉さんには大変感謝しており心からお礼を申し上げます。ありがとうございました。

そして、今の私があるのは、家族をはじめ多くの方に支えられたおかげです。TIFFANY時代の上司　一瀬さんには感謝しきれないほど沢山のことを学ばせていただきました。心から感謝致します。

高野睦子

【著者略歴】

高野 睦子（たかの・あつこ）

HEC ハイエンド・コミュニケーション代表。

元 JAL CA& ティファニー VIP 担当。京都生まれ。同志社大学卒業後、日本航空株式会社入社。CA としての立ち居振る舞い・ホスピタリティーマインド・サービスマインドを徹底的に身につける。

その後、Tiffany & co 入社。日本で数人しかいないハイエンド顧客担当として多くの VIP 顧客との親交を深める。VIP 顧客との交流を通じ「人としてのあり方」や「本物思考」そして「目に見えない価値を見抜く本質眼」を学ぶ。

満足を超えた感動を覚えてもらうことをポリシーとした徹底的なホスピタリティ精神を発揮したことや、新規顧客開拓、お客様・取引先との信頼関係構築を評価され数々の表彰を受け、2015 年には、ティファニーの日本代表に選出され、全世界社員 9000 人の中から 30 人だけに贈られる CLT（チャールズ・ルイス・ティファニー賞）をニューヨークで受賞。

その後『ハイエンドコミュニケーション術』を広めるためにティファニーを退社。

現在は、人材育成事業、法人向け企業研修、個人向けマナー、コンサルティング（富裕層ビジネス向けのサービス提案含め）行っている。2018 ミス・ユニバース評議員。

元ティファニーのVIP担当が教える
超一流ハイエンドに選ばれる魔法のルール

2017年11月25日　第1刷発行

著　者　高野睦子

発行者　土井尚道
発行所　株式会社　飛鳥新社
〒101-0003 東京都千代田区一ツ橋2-4-3　光文恒産ビル
電話（営業）03-3263-7770（編集）03-3263-7773
http://www.asukashinsha.co.jp

装　幀　アルビレオ
編集協力　小松田久美
イラスト　門川洋子
カバー写真　Anatoly Maslennikov/Shutterstock.com

印刷・製本　中央精版印刷株式会社

ISBN978-4-86410-571-2

編集担当　池上直哉